W0299351

MEIN GARTENJAHR

MEIN GARTENJAHR

Schritt für Schritt erfolgreich gärtnern – durch alle Jahreszeiten

Parragon

Bath • New York • Cologne • Melbourne • Delhi
Hong Kong • Shenzhen • Singapore • Amsterdam

Copyright © Parragon Books Ltd.

Alle Rechte vorbehalten. Die vollständige oder auszugsweise Speicherung, Vervielfältigung oder Übertragung dieses Werkes, ob elektronisch, mechanisch, durch Fotokopie oder Aufzeichnung, ist ohne vorherige Genehmigung des Rechteinhabers urheberrechtlich untersagt.

Copyright © für die deutsche Ausgabe
Parragon Books Ltd
Chartist House
15–17 Trim Street
Bath BA1 1HA, UK

www.parragon.com

Realisation der deutschen Ausgabe:
trans texas publishing, Köln
Übersetzung: Wiebke Krabbe, Damlos
Redaktion und Satz: lesezeichen Verlagsdienste, Köln

ISBN 978-1-4748-3432-2
Printed in China

INHALT

EINLEITUNG

Der allmähliche Wechsel der Jahreszeiten zählt zu den schönsten Aspekten eines Gartens. Manchmal vollziehen sich die Veränderungen so langsam, dass sie kaum wahrnehmbar sind. Dennoch könnte es keinen größeren Kontrast geben als den zwischen den Sommertagen mit voll erblühten Blumen und üppig grünen Pflanzen und den klirrend kalten Januartagen, wenn nackte Zweige von Eis überzogen sind und sämtliches pflanzliche Leben zum Stillstand gekommen scheint.

Jede Jahreszeit hat ihren eigenen Reiz – von der schwungvollen Rückkehr des Lebens im Frühling über die flirrende Fülle von Blüten und Blättern im Sommer bis hin zu den leuchtenden Farben des Herbstes und der skulpturalen Schönheit der Pflanzenwelt im Winter. Und jede Jahreszeit kennt unterschiedliche Aufgaben, die gewissenhaft erledigt werden wollen. Doch obwohl in manchen Monaten mehr Arbeit anfällt als zu anderen Zeiten, erfordert ein attraktiver Garten das ganze Jahr über kontinuierliche Hege und Pflege.

Einer der Gründe, warum Freizeitgärtner ihr Hobby als Entspannung empfinden, besteht darin, dass man Pflanzen nicht zur Eile antreiben kann. Und obwohl uns in manchen Fernsehsendungen vorgegaukelt wird, jeder könne im Handumdrehen einen Garten anlegen, sieht die Wirklichkeit anders aus. Der Reiz des Gärtnerns liegt schließlich zum Großteil darin, dass man beobachten kann, wie aus einem Samenkorn oder einem winzigen Steckling langsam eine gesunde, kräftige Pflanze heranwächst

UNTEN: **Der Genuss eines Sommergartens wird durch das sanfte Plätschern eines Gartenteichs noch verstärkt.**

LINKS: **Mit etwas Planung lassen sich Kübel so bepflanzen, dass sie auf Balkon und Terrasse das ganze Jahr über einen tollen Anblick bieten.**

oder wie sich die kleinen Kübelbäumchen, die vor Jahren gepflanzt wurden, zu stattlichen Bäumen entwickeln. Obwohl es sicherlich Zeiten gibt, in denen man sich wünscht, ein ganzes Team von Gärtnern würde das eigene Grundstück über Nacht in einen blühenden Garten verwandeln, ist es doch wesentlich befriedigender, sagen zu können: „Dies ist alles mein Werk."

Menschen, die sich der Pflege eines Gartens verschrieben haben, sind meistens optimistisch und vorausschauend – unerlässliche Eigenschaften für jeden guten Gärtner, da man im Garten ständig vorausplanen muss. Schließlich hat es keinen Zweck zu warten, bis die Stangenbohnen Saison haben, wenn man Bohnen aus dem eigenen Garten ernten möchte: Das Saatgut muss Wochen vorher – im Frühling – in die Erde. Heutzutage führen viele Menschen ein so hektisches und geschäftiges Leben, dass sie derartige Aufgaben im Garten allzu leicht übersehen. Dieses Buch dient allen vergesslichen Gartenfreunden als unentbehrliche Gedächtnisstütze, die erinnert, was wann erledigt werden sollte.

Die klassischen Jahreszeiten Frühling, Sommer, Herbst und Winter werden für den Gärtner noch in „früh, Mitte und spät" unterteilt, so erhält man ein Dutzend „Minijahreszeiten", die allerdings nicht genau den zwölf Monaten des Jahres entsprechen. Sie hängen nicht vom Kalender ab, sondern vom Klima einer Region und den örtlichen Klimaschwankungen. Aus diesem Grund verwenden wir statt exakter Datumsangaben lieber die oben genannte Einteilung.

Ich möchte Sie an all die Dinge erinnern, die Sie im Garten erledigen möchten und müssen, und Sie zu neuen Ideen ermutigen. Darüber hinaus will Ihnen dieses Buch die Vorzüge jeder Jahreszeit vor Augen führen, sodass Sie die Gartenarbeit ganzjährig genießen.

OBEN: **Freesienknollen müssen im Spätsommer gesetzt werden, wenn sie im Winter blühen sollen.**

PFLANZENNAMEN

Die Verwendung korrekter botanischer oder wissenschaftlicher Pflanzennamen ist ein umstrittenes Thema. Viele Gärtner empfinden die wissenschaftlichen Bezeichnungen als umständlich oder schwer auszusprechen und nicht im Entferntesten so anschaulich wie die allgemein üblichen Namen in der Landessprache.

Es gibt jedoch gute Gründe für die Verwendung der wissenschaftlichen Namen: Erstens variieren die allgemein üblichen Namen von Region zu Region und bezeichnen häufig mehr als nur eine einzige Pflanze, und zweitens verwenden andere Länder mit anderen Sprachen auch andere Namen.

Dagegen wird die Benennung der Pflanzen mit wissenschaftlichen Namen durch den „Internationalen Code der Botanischen Nomenklatur" geregelt. Dieser Code stellt sicher, dass jede Pflanze einen eigenen, einzigartigen Namen hat und dass diese Bezeichnung die Herkunft der Pflanzenfamilie korrekt wiedergibt. Die Namen basieren hauptsächlich auf der lateinischen Sprache, wobei auch Griechisch und andere Sprachen Verwendung finden.

OBEN: **Die Buntnessel *(Coleus)* war ursprünglich falsch zugeordnet und wurde vor Kurzem unter den Bezeichnungen *Plectranthus* und *Solenostemon* neu klassifiziert.**

Sobald man die Sprache der wissenschaftlichen Namen einmal beherrscht, lässt sich den Namen selbst eine Vielzahl von Informationen entnehmen.

Der botanische Name einer Pflanze besteht im Allgemeinen aus zwei Teilen: Der erste bezeichnet die Gattung (wie etwa *Crocus),* der zweite die Art (wie etwa *chrysanthus*). Weitere Bestandteile sind eventuelle Varietäten (eine natürlich auftretende, stabile Variante der Art) oder Sorten (eine von Menschenhand ausgewählte oder gezüchtete Variante).

Auch die Schreibweise des Namens folgt festen Regeln: Die Gattung beginnt mit einem Großbuchstaben, während die Art kleingeschrieben wird; beide Namensteile sind in Kursivschrift gesetzt. Eine natürlich auf-

LINKS: **x *Cupressocyparis leylandii:* Das „x" kennzeichnet, dass es sich bei diesem Baum um eine Kreuzung zwischen zwei Gattungen handelt: *Cupressus* und *Chamaecyparis*.**

Botanische Artbezeichnungen und ihre Bedeutungen

alatus: geflügelt
alba/albus: weiß
alpinus: Alpen-, Gebirgs-
angustifolius: schmalblättrig
arachnoides: spinnwebartig
baccifera: beerentragend
candidus: reinweiß
chinensis/sinensis: chinesisch
citriodorus: mit Zitrusduft
denticulatus: fein gezähnt
dissectus: fein geschlitzt
foetidus: stinkend
fragrans: duftend
glaucus: blaugrün
grandifolius: großblättrig
hispidus: steifhaarig, borstig
laciniatus: ausgefranst, zipfelig
laevigatus: geglättet
lanuginosus: kurzwollig, flaumig
maculatus: gefleckt
maritimus: Meeresstrand-
meleagris: gesprenkelt, getüpfelt
nanus: zwergig
nummularius: münzenartig
nutans: nickend
officinalis: Arznei-
pictus: gefleckt, gezeichnet
procumbens: niederliegend
pumilus: niedrig, zwergig
repens: kriechend
scandens: kletternd
sempervirens: immergrün
spectabilis: ansehnlich, herrlich
tenax: zäh, ausdauernd
tortuosus: gewunden
utilis: nützlich, nutzbar
variegatus: buntfleckig
vernalis: Frühlings-
vulgaris: gewöhnlich, allgemein
xanthocarpus: gelbfrüchtig

tretende Varietät wird ebenfalls kursiv geschrieben und erhält die Abkürzung „var." vorgestellt, wohingegen die Sorte in Antiqua (d.h. nicht kursiv) geschrieben wird und durch einfache Anführungszeichen gekennzeichnet ist. Auf diese Weise entstehen Namen wie *Ficus benjamina* var. *nuda* oder *Lonicera japonica* 'Aurea-reticulata'. Hybriden (Kreuzungen) zwischen zwei Arten oder Gattungen werden durch ein „x" vor dem jeweiligen Namen dargestellt, wie etwa bei x *Cupressocyparis leylandii* (eine Kreuzung zwischen zwei Gattungen: *Cupressus* und *Chamaecyparis)* oder *Ceanothus* x *veitchianus* (eine Kreuzung zwischen zwei Arten: *Ceanothus griseus* und *C. rigidus)*.

Der Name der Art liefert die meisten Informationen über eine bestimmte Pflanze und kennzeichnet häufig ihre Farbe, Größe, Wachstumsart, Blüten oder Herkunft. Namen mit dem Zusatz „folius" beschreiben die Blätter, während sich „florus" auf die Blüten bezieht – wie etwa bei *albiflorus* (weißblütig) oder *cordifolius* (herzblättrig). Einige weit verbreitete, beschreibende Artbezeichnungen finden Sie im Kasten oben.

Manchmal werden botanische Pflanzennamen geändert. Dies geschieht jedoch nicht willkürlich, sondern aufgrund der Tatsache, dass neue und verbesserte Methoden zur Pflanzenidentifikation zeigen, dass einige Pflanzen bisher falsch zugeordnet waren. So bezeichnet man *Lithospermum diffusum* inzwischen als *Lithodora diffusa*.

OBEN: ***Lithospermum diffusum:*** **Verbesserte Methoden bei der Identifikation von Pflanzen haben dazu geführt, dass dieses Gewächs heute unter dem Namen *Lithodora diffusa* geführt wird.**

VORFRÜHLING

Dank der länger werdenden Tage können Sie mehr Zeit im Garten verbringen und alle anfallenden Arbeiten erledigen. Obwohl es tagsüber noch kalt ist und auch die nächtliche Frostgefahr keineswegs gebannt ist, liegt ein charakteristischer linder Frühlingshauch in der Luft.

Frühlingssonne, mildes Wetter und die unübersehbaren Anzeichen neuen Lebens im Garten stimmen fast jeden Gartenbesitzer unternehmungslustig. Doch es lohnt sich, noch eine Weile Zurückhaltung zu üben, denn beständiges, warmes Wetter lässt noch auf sich warten.

Die meisten Gärtner hoffen jetzt auf ein paar trockene, sonnige Tage, um den Boden zu trocknen und damit für die Aussaat vorzubereiten. Dazu müssen Sie lediglich die Krume fein und glatt harken.

Obwohl es zunächst oft scheint, als käme der Frühling nicht richtig in Gang, legt er im Laufe der Zeit beträchtlich an Geschwindigkeit zu, und plötzlich muss der Gärtner sich beeilen, um sämtliche Arbeiten noch rechtzeitig zu erledigen: Zwiebelgewächse wollen gestützt und nach der Blüte gestutzt werden, Beetpflanzen benötigen Stützen, damit sie nicht umknicken, Kübel und Kästen müssen für die Sommerbepflanzung bestückt werden – ganz zu schweigen von der Aussaat! Außerdem wollen Bäume und Sträucher gepflanzt und beschnitten werden, und im Gewächshaus drängeln sich Dutzende von Sämlingen. Versuchen Sie trotzdem, etwas Zeit zum Genießen abzuzweigen.

OBEN: **Im Handel sind viele dekorative Salatvarietäten erhältlich. Besonders schön wirkt der Kontrast zwischen kraus- und glattblättrigen Sorten.** LINKE SEITE: **Die prächtigen violetten Blüten des Blaukissens *(Aubrieta)* heitern jeden Garten auf.**

Lassen Sie sich von der köstlichen Frische und Lebendigkeit verzaubern, die der Garten jetzt bereithält – keine andere Jahreszeit kann damit konkurrieren.

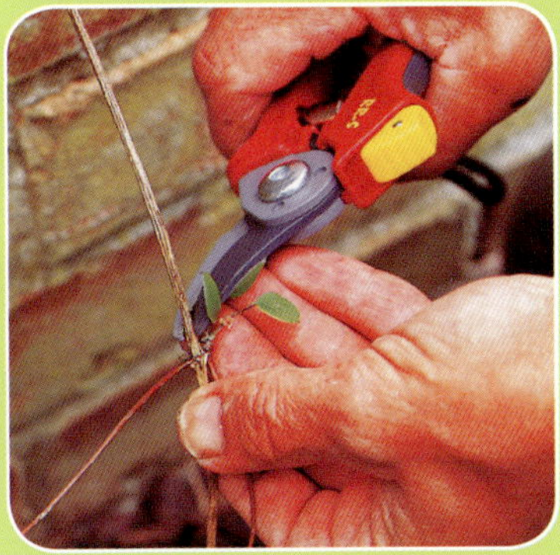

ZIERGARTEN
ALLGEMEINE ARBEITEN

Täglich öffnen nun immer mehr früh blühende Zwiebelgewächse ihre Knospen. Mit ein wenig Pflege blühen sie nicht nur besonders lange, sondern auch im nächsten Jahr wieder. Kübel und Kästen müssen bald für die Sommerbepflanzung bestückt werden.

Zwiebelgewächse düngen

Zwiebelgewächse, die von Jahr zu Jahr in der Erde verbleiben, profitieren meist von etwas Dünger. Zwar wird die aktuelle Blüte davon nicht beeinflusst, aber der Dünger stärkt die Zwiebeln, sodass sie im nächsten Jahr wieder kräftig austreiben. Und bei Kübelpflanzen sind regelmäßige Düngergaben besonders wichtig.

Die Düngezeit reicht vom Beginn der Blüte bis zum Absterben der ersten Blätter. Am besten verwenden Sie einen Kaliflüssigdünger, der leicht um die Pflanzen herum ausgebracht werden kann. Beachten Sie bitte die Angaben des Herstellers, wie oft gedüngt werden muss.

Auf Rasen wachsende Zwiebelgewächse sollte man nicht zu häufig düngen, weil dadurch das Wachstum der Gräser und nicht der Zwiebeln gefördert wird. Am besten düngen Sie diese Pflanzen alle zwei bis drei Jahre, sobald die Zwiebeln nicht mehr kräftig austreiben.

RECHTS: **Etwas Dünger während der Blütezeit stärkt früh blühende Zwiebelgewächse schon für das folgenden Jahr.**

Ausputzen

Sobald die Blüten der Zwiebelpflanzen verblassen, sollte man sie direkt unterhalb des Blütenkopfs abknicken, sodass sich keine Samen bilden können und die Pflanze alle Kraft in die Bildung neuer Blüten in der nächsten Blütezeit steckt. Falls sich manche Blütenstängel nicht sauber abknicken lassen, verwenden Sie am besten eine Gartenschere. Bei großen Mengen von Pflanzenbeständen kann das Entfernen sämtlicher verwelkter Blütenköpfe ziemlich zeitaufwendig sein.

Kübel für die Sommerbepflanzung vorbereiten

Töpfe, Kübel, Balkonkästen und Blumenampeln stehen wahrscheinlich seit dem Ende des vergangenen Sommers im Keller oder Schuppen. Doch jetzt ist der richtige Zeitpunkt, um sie hervorzuholen, gründlich zu überprüfen, sorgfältig zu reinigen und eventuell zu reparieren oder sogar zu ersetzen.

Im Gartencenter finden Sie in dieser Jahreszeit die größte Auswahl an Gefäßen und Behältern, da später im Frühling viele Modelle bereits ausverkauft sind.

Die Behälter gibt es in unterschiedlichen Stilrichtungen, Preisklassen und Materialien: Kunststoff, Glasfaser, Stein, Beton, Holz, Keramik und Ton.

Bevor Sie einen besonders großen oder schweren Container kaufen, denken Sie an das zusätzliche Gewicht von Blumensubstrat und Pflanzen.

Steingartenpflanzen mit einer frischen Kieselschicht versehen

Die meisten Gebirgspflanzen gedeihen am besten in mageren, steinigen, durchlässigen Böden in kaltem, aber trockenem Klima. Im Garten leiden sie häufig unter zu viel Feuchtigkeit, wodurch Wurzeln oder Stängelbasis zu faulen beginnen.

Entfernen Sie sämtliches Unkraut rund um die Pflanzen und lockern Sie den Boden behutsam mit einer Handgabel. Dann bedecken Sie das Beet mit einer neuen Schicht Kies oder Splitt und verteilen Sie dabei auch etwas um und unter die Wurzelkrone der Pflanzen. So wird die Drainage verbessert und das Beet wirkt viel attraktiver, da die Steingartenpflanzen schön zur Geltung kommen.

Gebirgspflanzen benötigen aber nicht unbedingt einen Steingarten: Sie können sie auch in einen flachen Steintrog setzen. Bei sehr kleinen Gärten lassen sich auch flache Schalen mit Gruppen von Steingartenpflanzen bestücken, und selbst Mauernischen eignen sich als Standort.

RECHTS: **Die meisten Gartencenter bieten fertig verpackten Kies oder Splitt an, der sich ideal für Steingartenpflanzen eignet.**

ZIERGARTEN
SÄEN

Einjährige lassen sich am leichtesten aus Samen ziehen. Jetzt ist der richtige Zeitpunkt, um beispielsweise Duftwicke – die nicht nur mit ihrem Duft, sondern auch mit ihren attraktiven Blüten erfreut – im Freien zu säen und krautige Stauden sorgfältig abzustützen.

Duftwicken im Freien säen

Diese Pflanzen werden häufig als Schnittblumen im Nutzgarten gesät, bieten aber auch in Blumenbeeten einen schönen Anblick.

Vor der Aussaat sollten Sie den Boden umgraben und mit einem Universaldünger anreichern. Dann drücken Sie die Erde an, stecken die Stützstäbe hinein und säen die Wickensamen. Im Handel sind spezielle Verbindungselemente erhältlich, mit denen man Bambusstäbe zu einem Wigwam oder einem A-förmigen Rahmen befestigen kann. Diese Rankhilfe wird mit einem Maschengeflecht aus Kunststoff bedeckt und gibt den Wicken Halt.

Am besten ritzen Sie die Samenschale mit einem scharfen Messer vorsichtig ein, um die Keimung zu beschleunigen. Sie können die Samen aber auch einfach über Nacht in etwas Wasser einweichen. Säen Sie das Saatgut etwa 3 cm tief und im Abstand von 7 cm bzw. am Fuß jedes Bambusstabes aus.

RECHTS: **Eine Reihe mit Duftwicken liefert während der Sommermonate wundervoll duftende Schnittblumen.**

Beetpflanzen stützen

Stützen für Beetpflanzen müssen früh platziert werden – lange bevor die Pflanzen sie tatsächlich benötigen. Auf diese Weise können ihre Stiele noch während des Wachstums durch die Rankhilfen hindurchgeführt werden, bis sie die Stützen schließlich vollständig verdecken. Im Handel sind verschiedene Stützsysteme erhältlich: Rosen- und Ringstützen sowie Gestelle aus einzelnen, ineinandergehakten Stützen. Sie können aber durchaus auch selbst geschnittene Stöcke verwenden. Achten Sie aber darauf, dass das Ganze natürlich wirkt – einzeln angebundene Pflanzen machen sich in einer lockeren Blumenrabatte nicht gut.

Ein Beet mit Einjährigen anlegen

Einjährige bieten für viele Wochen einen leuchtend bunten Anblick. Wenn Sie frostverträgliche Arten verwenden, können Sie bereits jetzt mit der Aussaat im Freien beginnen. Geeignet sind Steinkraut *(Alyssum)*, Ringelblume *(Calendula)*, Mandelröschen *(Clarkia)*, Kornblume *(Centaurea cyanus)*, Sumpfblume *(Limnanthes)* und Schwarzkümmel *(Nigella)*.

Winterharte Einjährige werden direkt an Ort und Stelle in sorgfältig vorbereiteten Boden gesät. Erstellen Sie zuvor einen Saatplan für das Beet – die größten Pflanzen sollten im Hintergrund stehen.

1 Für jede Sorte einen Saatbereich markieren, indem Sie das Beet mit einer Sandspur in aneinandergrenzende Bögen unterteilen (rechts). Das wahllose Verteilen gemischter Samen bringt nur selten gute Ergebnisse.

2 Im ersten Bereich mehrere kurze, parallel verlaufende Rillen ziehen und das Saatgut dünn entlang der Rillen ausstreuen (links). Die Erde vorsichtig über die Samen harken und mit dem Harkenrücken andrücken. Auf die gleiche Weise bereiten Sie die anderen Saatbereiche vor.

3 Zusammen mit den Einjährigen werden auch zahlreiche Wildkräuter keimen, die aber leicht zu erkennen sind, da sie im Gegensatz zu den in Reihen wachsenden Einjährigen durcheinanderwuchern. Entfernen Sie das Unkraut regelmäßig und pikieren Sie die Einjährigen bald.

RECHTS: **Farbenprächtige Einjährige wie Kapuzinerkresse *(Tropaeolum)* lassen sich leicht aus Samen ziehen.**

ZIERGARTEN
BÄUME UND STRÄUCHER PFLANZEN

Containerbäume und -sträucher können zwar im Prinzip das ganze Jahr über gepflanzt werden, im Vorfrühling erzielen Sie jedoch besonders gute Ergebnisse, da die Pflanzen nun ihre ersten Blätter hervorbringen. Zu dieser Zeit kommen allmählich auch Kräuter und Stauden wieder zum Vorschein.

Bäume und Sträucher

Bäume und Sträucher sind ausgesprochen wertvolle Gartenpflanzen, da sie nicht nur für Höhe sorgen, sondern dem Garten auch das ganze Jahr über Struktur verleihen.

Für jeden Gartentyp gibt es zahlreiche geeignete Baum- und Strauchsorten. Vor allem Sträucher sind in unterschiedlichen Formen und Größen erhältlich und werden wegen ihrer Blätter, Blüten oder Gestalt ausgewählt. Immergrüne Pflanzen bieten das ganze Jahr über einen schönen Anblick, während man laubabwerfende Arten beim reizvollen Wechsel der verschiedenen Jahreszeiten beobachten kann: zarte Knospen im Frühling, üppiges Grün im Sommer und warme Farbenpracht im Herbst.

Auch blühende Sträucher sind fast das ganze Jahr über erhältlich und im Wintergarten besonders willkommen.

In kleinen Gärten muss man die Auswahl der Bäume sorgfältig planen, da schnellwüchsige Pflanzen Mauerwerk oder Abflüsse beschädigen können. Gut geeignet sind dagegen kleine, langsam wachsende Varietäten von Birke *(Betula)*, Koniferen, Holzapfel *(Malus)*, Zierkirsche *(Prunus)* und Ahorn *(Acer)*.

Stauden pflanzen

Winterharte Kräuter und Stauden lassen sich sowohl im Herbst als auch Frühling pflanzen. Im Vorfrühling gesetzte Pflanzen müssen im Spätfrühling und Frühsommer regelmäßig gegossen werden. Jetzt ist auch die richtige Zeit zum Teilen von Stauden, die zu groß geworden sind.

Pflanzen, die Sie im Herbst vergessen haben, jetzt herausnehmen und teilen.

LINKS: **Immergrüne Gewächse sorgen das ganze Jahr für Farbe und Struktur. Jetzt ist ein besonders günstiger Zeitpunkt zum Pflanzen.**

Bäume und Sträucher pflanzen

Je nach Wetter kann man noch wurzelnackte Bäume und Sträucher pflanzen, aber sobald die Ruheperiode vorüber ist und die Pflanzen wieder zu wachsen beginnen, werden nur noch Kübel- und Containerpflanzen gesetzt.

Zu dieser Jahreszeit sollten Sie die Containerpflanzen im Gartencenter sorgfältig überprüfen, denn manche sind gar nicht in ihrem Behälter gewachsen, sondern gegen Ende der Ruheperiode als wurzelnackte Exemplare in die Pflanzgefäße gesetzt worden.

Qualitativ hochwertige Containerpflanzen haben einen festen Wurzelballen mit kräftigen, gesunden Wurzeln. Erst kürzlich in den Kübel gesetzte Pflanzen benötigen länger, um im Garten zu gedeihen, und sind ihren Preis wahrscheinlich nicht wert.

Frühling und Herbst eignen sich zur Pflanzung besser als der Hochsommer, da hohe Temperaturen und Wassermangel den Pflanzen stärker zusetzen. Jetzt gepflanzte Bäume und Sträucher gedeihen gut und wachsen zudem schnell an.

OBEN: **Eine sorgfältige Auswahl von Bäumen und Sträuchern verleiht dem Garten zusätzliche Höhe und lässt ihn auch älter wirken.**

1 Wässern Sie die Pflanze am Abend vor dem Einsetzen. Graben Sie ein ausreichend großes Loch (die Oberfläche des Wurzelballens sollte später knapp mit Erde bedeckt sein) und lockern Sie den Grund.

2 Nehmen Sie die Pflanze aus dem Container. Dann setzen Sie den Wurzelballen in das vorbereitete Loch.

3 Füllen Sie Hohlräume mit Erde und drücken Sie sie an. Achten Sie darauf, dass die Erde zu Beginn immer feucht bleibt.

ZIERGARTEN
RÜCKSCHNITT

Vor dem Pflanzenrückschnitt schrecken viele Gärtner zurück, weil sie sich nicht sicher sind, warum und vor allem wie sie diese Aufgabe bewältigen sollen. Der Rückschnitt bringt die Pflanze in Form, regt die Bildung von Blüten und Früchten an und fördert einen kräftigen, gesunden Wuchs.

Rosen schneiden

Der erste Schritt ist bei allen Rosensorten gleich: Zunächst müssen sämtliche schwachen, abgestorbenen und beschädigten Triebe entfernt werden. Wildrosen und alte Rosen (wie Gallica-, Bourbon- und Damaszena-Rosen) benötigen darüber hinaus nur einen leichten Schnitt: Schneiden Sie alle zwei Jahre zwei oder drei alte Triebe bis zum Grund zurück, damit die Rose neue Triebe bildet.

Bei großblütigen Teehybriden müssen sämtliche Triebe um die Hälfte bis zwei Drittel gekürzt werden (schwachwüchsige Sorten sollte man am stärksten zurückschneiden). Floribunda-Rosen werden lediglich um ein Drittel gestutzt. Um die Bildung neuer Triebe anzuregen, können bei Teehybriden und Floribunda-Rosen ein Viertel bis ein Drittel aller Triebe nach Wunsch bis zum Grund zurückgeschnitten werden.

OBEN: **Kletterpflanzen wie die Waldrebe *(Clematis)* müssen für kräftige Blütentriebe regelmäßig geschnitten werden.**

OBEN: **Schneiden Sie Rosen mit einer scharfen Gartenschere. Setzen Sie direkt oberhalb eines gesunden Auges an.**

Bäume schneiden

Zierbäume müssen zwar nicht regelmäßig beschnitten werden, aber schwache, abgestorbene oder beschädigte Zweige sollten sofort entfernt werden. Einen Ast entfernen Sie, indem Sie zunächst von unten mit der Säge eine Kerbe schneiden (verhindert ein Reißen des Holzes) und ihn dann von oben durchtrennen. Ein Versiegeln mit Wundverschlussmittel ist nicht erforderlich.

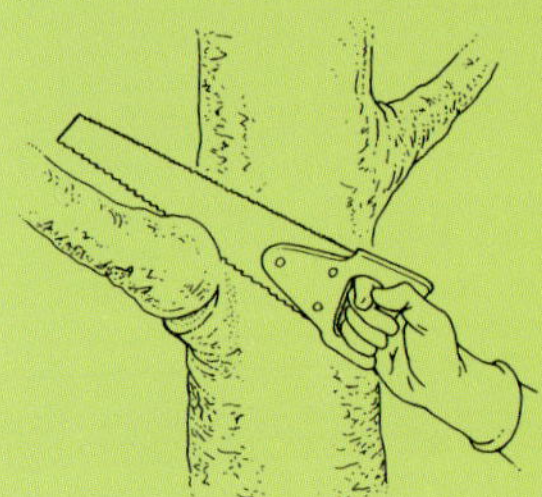

Sträucher schneiden

Der richtige Zeitpunkt und die geeignete Technik für den Rückschnitt von Ziersträuchern hängen davon ab, zu welcher Jahreszeit sie blühen. Im Spätsommer blühende Sträucher bringen ihre Blüten auf neuen Trieben hervor. Diese Sträucher zu Beginn der Wachstumsperiode zurückschneiden, so fördern Sie die Bildung neuer Triebe und zusätzlicher Blüten.

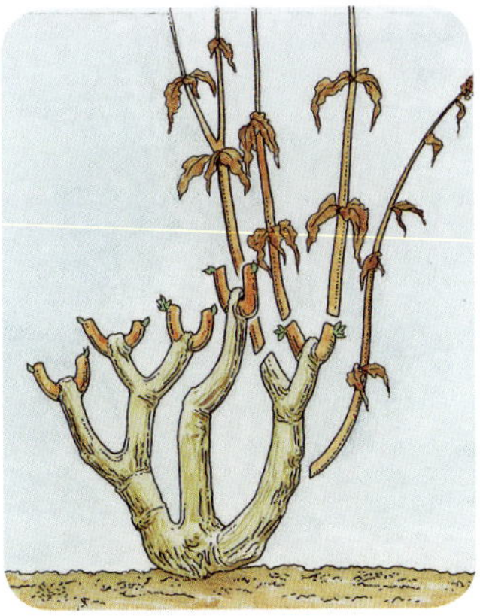

1 Sträucher wie *Buddleja davidii* profitieren von einem Rückschnitt im Vorfrühling. Schneiden Sie die Triebe bis 15–30 cm über dem Grund zurück. Bei einigen alten Trieben benötigen Sie dazu eventuell eine lange Astschere.

2 Auch wenn dieser Rückschnitt zunächst radikal erscheint, bringen die Sträucher umgehend neue Triebe hervor. Nicht gestutzte Pflanzen wirken mit ihren schwachen, hochgeschossenen Trieben ungepflegt und kopflastig.

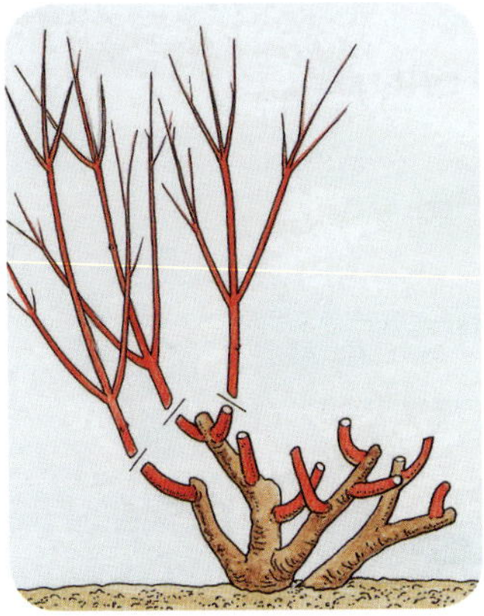

3 Die Hartriegelsorte *Cornus alba* 'Sibirica' wird wegen ihrer leuchtend roten Winterzweige geschätzt. Schneiden Sie die Triebe bis 10 cm über dem Grund zurück, damit der Strauch viele neue Triebe hervorbringt.

4 Wenn Eukalyptus jedes Frühjahr stark zurückgeschnitten wird, behält er seine Form und seine rundlichen, leuchtend bunten Primärblätter. Schneiden Sie alle Triebe des vergangenen Jahres bis 10 cm über den Haupttrieben zurück.

5 Einige Sträucher, die an älteren Trieben Blüten tragen – wie etwa Europäischer Perückenstrauch *(Cotinus coggygria)*, Andenstrauch *(Escallonia)*, Fingerstrauch *(Potentilla)* und Holunder *(Sambucus)* – sollten im Frühling nicht vollständig zurückgeschnitten werden; stattdessen entfernt man einmal jährlich etwa ein Drittel des alten Holzes. Auf diese Weise bleiben genügend alte, blütentragende Zweige erhalten.

NUTZGARTEN
ALLGEMEINE ARBEITEN

Jetzt ist der richtige Zeitpunkt, einen Teil der überwinterten Gemüsepflanzen zu verwerten und alles für die neue Ernte vorzubereiten. Mit ein wenig Planung können Sie fast das ganze Jahr über frische Produkte aus dem eigenen Küchengarten genießen.

Rhabarber und Kohl ernten

Die zarten Blattstängel des Rhabarbers sind zu dieser Jahreszeit eine wahre Delikatesse und erinnern gar nicht an die hartfaserigen, sauren Stängel gegen Ende der Erntezeit.

Kohl ist reich an Vitamin A und C und sollte viel öfter angebaut werden. Diese meist winterharte Pflanze wird im Vorfrühling und erneut im Spätsommer aus Samen herangezogen. Für eine ganz frühe Ernte säen Sie die Samen in Saatschalen und setzen Sie die Sämlinge später ins Freie.

Auch Rharbarber lässt sich früher ernten, wenn man die Wurzeln in Kisten setzt und im Gewächshaus vortreibt bzw. die Kronen der Freilandpflanzen mit Treibtöpfen oder schwarzen Kunststoffbehältern lichtdicht abdeckt.

Zu Beginn oder während des Winters abgedeckte Pflanzen dürften jetzt die ersten zarten, rosafarbenen Triebe hervorgebracht haben – je nach den Witterungsbedingungen der vorangegangenen Wochen.

RECHTS: **Rharbarber lässt sich leicht im Gemüsegarten ziehen. Den besten Geschmack besitzen die ersten, zarten Blattstiele.**

Erbsen und Bohnen stützen

Im Herbst oder Vorfrühling gesäte Erbsen und Bohnen sollten während ihres Wachstums eine Rankhilfe erhalten. Bei Erbsen reicht meist ein Pflanzenstütznetz aus Kunststoff, das in regelmäßigen Abständen mit Stäben gesichert wird. Den gleichen Zweck erfüllt ein Dickicht aus Reisigstäben. Bohnen freuen sich ebenfalls über diese Form der Rankhilfe; Sie können aber auch auf beiden Seiten der Pflanzenreihe mehrere Stäbe in den Boden stecken und mit Gartenzwirn umgeben, damit die Pflanzen nicht nach außen wegknicken.

OBEN: **Ein speziell gebauter Rahmen, über den man die Frostschutzfolie legt, erleichtert den Schutz kälteempfindlicher, früher Obstbaumblüten.**

Blüten früh blühender Bäume schützen

Im Vorfrühling besteht immer noch Frostgefahr. Die Blüten einiger früh blühender Obstbäume wie Aprikosen- und Pfirsichbäume können erheblichen Schaden nehmen, wodurch sich die Chancen auf eine ertragreiche Ernte verringern.

Schützen Sie die Bäume vor Nachtfrost, indem Sie sie mit einer leichten Frostschutzfolie abdecken. Falls die Bäume vor einer Mauer oder einem Zaun stehen, können Sie auch eine auf einen Rahmen gespannte Stoffrolle verwenden, die abends zum Schutz der Blüten herabgelassen wird. Achten Sie aber darauf, dass die Konstruktion die Blüten nicht beschädigt.

Bei besonders früh blühenden Obstbäumen empfiehlt es sich, die Blüten selbst zu bestäuben. Übertragen Sie den Pollen behutsam mit einem kleinen, weichen Pinsel auf die anderen Blüten.

Überwintertes Gemüse verwerten

Die Pastinaken haben den ganzen Winter über darauf gewartet, geerntet zu werden. Im Vorfrühling treiben die Wurzeln aus, was sich an kleinen grünen Büscheln zeigt, die oberhalb der Wurzeln sprießen. Je weiter deren Wachstum voranschreitet, desto weicher und schlaffer werden die Wurzeln, bis sie kaum noch genießbar sind – deshalb sollte man sie jetzt verwenden. Auch der Lauch beginnt nun erneut zu treiben und bildet Blütenstände, die in der Mitte der Lauchstange wachsen und den Geschmack und die Qualität des Gemüses beeinträchtigen. Daher empfiehlt es sich, sämtliche noch im Garten befindlichen Pastinaken- und Lauchpflanzen auszugraben und bis zur Verwendung an anderer Stelle im Garten aufzubewahren.

NUTZGARTEN
PFLANZEN UND SÄEN

Die meisten Gärtner können nun mit der Aussaat beginnen – lediglich in Gärten mit schweren Böden oder an besonders kalten Standorten sollte man noch ein wenig warten. Es empfiehlt sich, bei der Gartenarbeit immer die örtlichen Bedingungen zu berücksichtigen.

Den Boden für die Aussaat vorbereiten

Die Erde in einem Saatbeet sollte in kleine, feine Krümel aufgebrochen und gut aufgelockert werden. Lässt man die Erde in dicken Klumpen, wird es schwierig, ein ebenes Saatbeet anzulegen, sodass die Samen entweder zu tief oder zu flach in der Erde ruhen und nicht gut keimen.

Wenn der Gemüsegarten den Winter über grob umgegraben ruhen durfte, hat der Frost die Erde durch das wiederholte Frieren und Auftauen bereits aufgebrochen. Sobald der Boden durch eine trockene, windige Wetterlage an der Oberfläche angetrocknet ist, können die Erdklumpen mit der Rückseite einer Harke zerkleinert und dann normal mit der Harke verteilt werden.

OBEN: **Ziehen Sie die Harke leicht über das Saatbeet, sodass eine feine, gleichmäßige Oberfläche entsteht. Große Steine entfernen.**

RECHTS: **In den meisten Gärten findet sich ein Platz für Beerensträucher. Der Vorfrühling ist ein guter Zeitpunkt zur Pflanzung.**

Beginn der Gemüseaussaat

Je nach Witterungsbedingungen kann nun eine Vielzahl von Gemüsesorten ausgesät werden, einschließlich Bohnen, Möhren, Lauch, Salat, Pastinaken, Sommer- und Herbstkohlsorten, Blumenkohl, Spinat und Mangold. Legen Sie mithilfe einer Schnur und einer Hacke mehrere gerade Reihen an, verteilen Sie die Samen dünn in den Furchen, harken Sie die Erde über das Saatgut und drücken Sie sie fest. Kennzeichnen Sie die Reihen mit Etiketten.

Für eine Freilandaussaat von empfindlicherem Gemüse wie Zucchini, Speisekürbis, Busch- und Stangenbohnen ist es noch zu früh; diese Pflanzen können aber im Gewächshaus vorgezogen werden.

Kartoffeln pflanzen

Wenn nur wenig Platz zur Verfügung steht, sollten Sie statt Kartoffeln für die Haupternte lieber Frühkartoffeln pflanzen, vorzugsweise ungewöhnliche Sorten, die im Supermarkt nicht erhältlich sind. Frisch geerntete Frühkartoffeln schmecken einfach unvergleichlich – aber denken Sie bei der Pflanzung daran, dass das Kartoffelkraut frostempfindlich ist. Im Allgemeinen dauert es zwei bis drei Wochen, bis die ersten Triebe durch die Erde brechen.

1 Statt die Kartoffeln direkt zu pflanzen, können Sie sie auch auf einer kühlen, hellen Fensterbank vorkeimen lassen. Die Augen, aus denen die Triebe entstehen, befinden sich alle an einem Ende. Setzen Sie die Knollen so in einen Eierkarton, dass dieses Ende nach oben zeigt.

2 Kartoffeln sollten immer in gut vorbereitete Beete gepflanzt werden, mit je 30–50 cm Abstand und mit 50 cm Reihenabstand. Vorgekeimte Knollen wachsen schneller nach dem Pflanzen, müssen aber vorsichtig behandelt werden, damit die Triebe nicht abknicken.

3 Ziehen Sie mit einer Hacke etwa 15 cm tiefe Rillen oder heben Sie mit einem Handspaten einzelne, 15 cm tiefe Pflanzlöcher aus. Vorgekeimte Knollen mit den Trieben nach oben in das Loch setzen. Alle anderen Knollen mit den Augen nach oben pflanzen.

4 Überprüfen Sie die Kartoffelreihen regelmäßig, damit Sie die ersten dunkelblaugrünen Triebe (rechts) sofort entdecken und gegebenenfalls vor Frost schützen können. Allerdings ist nicht gleich alles verloren, wenn unerwartete Nachtfröste die ersten Triebe beschädigen.

FRÜHLINGSMITTE

Der Garten sieht nun wundervoll aus: Die Bäume sind von frischen, jungen Blättern bedeckt, der Rasen sprießt üppig grün, und die Frühlingsblumen stehen in voller Blüte. Die ersten warmen, sonnigen Tage wecken in jedem Gärtner die Lust, sich im Garten zu betätigen – zu tun gibt es jetzt genug!

Doch die Gärtner sind nicht die Einzigen, die sich über das Frühlingswetter freuen – auch Schädlinge und Wildkräuter gedeihen nun prächtig. Das Unkrautjäten zählt zu den Arbeiten, die zwar das ganze Jahr über anfallen, aber in der Frühlingsmitte schießen die unerwünschten Pflanzen förmlich aus der Erde. Sie müssen regelmäßig entfernt werden, weil die anderen Gartenpflanzen noch klein sind und von den Wildkräutern überwuchert werden können.

Auch Schädlinge sind nun auf dem Vormarsch und fühlen sich von den zarten, jungen Pflanzentrieben angezogen. Nicht nur Schnecken entwickeln sich zum Problem, auch Blattläuse tummeln sich zuhauf an den Spitzen der Triebe, vor allem bei Gewächshauspflanzen.

Empfindliche Pflanzen scheinen durch die Winterkälte abgestorben; werfen Sie sie jedoch noch nicht sofort auf den Kompost, da manche Zeit bis zum Sommer benötigen, bis sie sich wieder erholen. Kratzen Sie einfach ein wenig Rinde vom Haupttrieb ab – ist das darunterliegende Holz grün und feucht, lebt die Pflanze noch.

Frühlingsblühende Zwiebelgewächse erfreuen auch weiterhin den Betrachter. Sobald sie jedoch verwelken, sollten Sie die Blüten entfernen, damit sie keine Samen bilden. Auch im Nutzgarten fällt jetzt viel Arbeit an: Unkraut jäten, säen, pflanzen und Gemüse pikieren. Das Gewächshaus benötigt nun einen Sonnenschutz, und mit zunehmend wärmerem Wetter sollte häufiger gelüftet und gegossen werden.

OBEN: **Die meisten Wolfsmilchgewächse *(Euphorbia)* bringen mit ihren gelbgrünen Blütenköpfen den Garten zum Leuchten, während die stahlblauen Blätter auch im Winter für Farbe sorgen.**
LINKE SEITE: **Tulpen und Vergissmeinnicht ergeben eine klassische Frühlingskombination. Säen Sie jetzt für den nächsten Frühling.**

ZIERGARTEN
PFLANZEN UND SÄEN

Steingartenpflanzen gedeihen in der Frühlingsmitte besonders gut. Am besten setzen Sie sie an einen erhöhten Standort, sodass ihre kleinen Blüten schön zur Geltung kommen. Schneeglöckchen und zahlreiche sommerblühende Zwiebelgewächse sollten ebenfalls jetzt gepflanzt werden.

Schneeglöckchen pflanzen

Im Gegensatz zu vielen anderen Zwiebelgewächsen sollten Schneeglöckchen gepflanzt werden, solange sie noch ihre Blätter tragen; Zwiebeln in der Ruhephase schlagen meist nicht mehr so gut an.

Falls in Ihrem Garten bereits Schneeglöckchen gedeihen, die Sie gerne vermehren möchten, ist jetzt der richtige Zeitpunkt, sie zu teilen und an neuen Standorten einzusetzen. Nehmen Sie die Pflanzen mithilfe einer Handgabel vorsichtig aus der Erde, teilen Sie sie behutsam in zwei oder drei kleinere Gruppen und pflanzen Sie sie sofort – jedoch nicht tiefer als 8 cm – wieder ein, damit sie nicht austrocknen. Bei schweren Böden geben Sie etwas groben Sand oder Splitt sowie gut zersetzten Kompost unter die Erde, bevor Sie die Zwiebeln setzen.

RECHTS: **Die gefüllte Schneeglöckchensorte *Galanthus* 'Flore Pleno' erfreut sich aufgrund ihrer zarten, gerüschten Blüten großer Beliebtheit.**

Steingarten bepflanzen

Die Frühlingsmitte ist gut zur Pflanzung neuer Steingartengewächse. Im Handel sind bereits blühende Containerpflanzen erhältlich. Bereiten Sie den zukünftigen Standort sorgfältig vor und denken Sie daran, dass alpine Pflanzen einen gut durchlässigen Boden benötigen. Setzen Sie sie mithilfe eines Handspatens ein, drücken Sie die Erde leicht an und geben Sie etwas Kies oder Splitt um und unter die Wurzelkrone, damit das Gießwasser gut abfließt.

Sommerblühende Zwiebelgewächse pflanzen

Obwohl man bei Zwiebelpflanzen hauptsächlich an den Frühling denkt, gibt es auch viele Arten und Varietäten, die im Sommer prachtvoll blühen. Daher lohnt es sich, ein paar dieser pflegeleichten Pflanzen jetzt zu setzen.

1 Die meisten sommerblühenden Zwiebelgewächse bevorzugen warme, geschützte Standorte. Der Boden sollte gut durchlässig sein, damit die Zwiebeln nicht faulen. Bei schweren Böden groben Sand einarbeiten.

2 Die Zwiebeln sollten gepflanzt werden, sobald sie im Gartencenter erhältlich sind. Nur große, feste und unbeschädigte Exemplare kaufen. Kleine, verschrumpelte Zwiebeln bringen in der Regel keine schönen Blüten hervor.

3 Mit einem Handspaten ein Loch graben, etwas Sand hineinfüllen und die Zwiebel in das Loch setzen (links). Die ideale Pflanztiefe variiert von Spezies zu Spezies und hängt auch immer von der Größe der Zwiebel ab. Als Faustregel gilt jedoch: in zweifacher Zwiebelhöhe einpflanzen.

4 Zwiebeln mit Erde bedecken und leicht andrücken. Danach die Pflanzstelle beschriften, damit die Zwiebeln nicht versehentlich beschädigt werden, bevor ihre Triebe den Boden durchbrechen.

LINKS: **Leuchtend gelbe Lilien bringen den Garten im Sommer zum Strahlen und können jetzt gepflanzt werden.**

ZIERGARTEN
PFLANZEN UND SCHÜTZEN

Für viele Immergrüne ist die Frühlingsmitte der richtige Zeitpunkt zum Pflanzen, und im Handel gibt es jetzt eine große Auswahl an immergrünen Sträuchern und Bäumen mit und ohne Blüten. Sie sind sowohl interessanter Blickfang als auch Wind- und Sichtschutz.

Immergrüne zur Geltung bringen

Immergrüne Pflanzen verleihen jedem Garten das ganze Jahr über Form und Struktur; besonders im Winter sind sie von großem Wert, wenn alle anderen Pflanzen nackt und kahl sind. Aber auch im Frühling und Sommer spielen sie eine wichtige Rolle, vor allem als Hintergrund für bunte Blüten.

Viele Immergrüne wie etwa Andenstrauch *(Escallonia)*, Orangenblume *(Choisya)*, Duftblüte *(Osmanthus)* und Säckelblume *(Ceanothus)* sind relativ kälte- und windempfindlich, sodass man sie am besten in der Frühlingsmitte und nicht während der Ruheperiode einpflanzt. Achten Sie auf einen geschützten Standort mit durchlässigem Boden.

UNTEN: **Immergrüne Hecken sind sowohl nützlich als auch dekorativ, vor allem wenn man sie sorgfältig schneidet.**

Immergrüne als Windschutz

Eine Hecke ergibt meistens einen besseren Windschutz als ein massives Gartenelement (wie etwa eine Mauer oder ein Paneelzaun), da sie halb durchlässig ist und den Wind filtert, statt ihn über das Hindernis zu lenken und nach unten zu verwirbeln. Dabei kann die Gestalt der Hecke von formal bis natürlich variieren – je nach Gartenstil. Die folgenden Pflanzen eignen sich besonders gut:

FORMALE HECKEN

Stechpalme *(Ilex)*: viele Sorten, einige panaschiert und mit Früchten.

Japanischer bzw. kalifornischer Liguster *(Ligustrum ovalifolium)*: weit verbreitet, die panaschierte Sorte 'Aureum' ist farbenfroh.

Kirschlorbeer *(Prunus laurocerasus)*: große, glänzend dunkelgrüne Blätter.

FREI WACHSENDE HECKEN

Sauerdorn *(Berberis* x *stenophylla)*: im Frühling mit goldgelben Blüten übersät.

Andenstrauch *(Escallonia macrantha)* und Hybriden: kleine, glänzende Blätter und rosafarbene oder rote, engröhrige Blüten im Frühsommer; relativ empfindlich.

Feuerdorn *(Pyracantha rogersiana)*: hellgrüne Blätter, weiße Blüten und farbenfrohe Beeren.

Immergrüne einpflanzen

Wurzelnackte, laubabwerfende Sträucher sollten während der Ruheperiode gepflanzt werden, aber für immergrüne Gewächse ist die Frühlingsmitte besser geeignet. Da in dieser Jahreszeit trockenes Wetter überwiegt, müssen Sie darauf achten, dass Ihre Immergrünen in den Wochen nach der Pflanzung nicht austrocknen.

1 Den zukünftigen Standort sorgfältig umgraben und etwas gut zersetztes organisches Material wie Gartenkompost oder Stallmist bzw. ein Markensubstrat hinzufügen.

2 Ein Pflanzloch graben, das so tief ist, dass sich die Oberfläche des Wurzelballens später auf einer Höhe mit der Erdoberfläche befindet. Die Erde am Grund der Grube auflockern.

3 Immergrüne sind häufig als Ballenpflanze erhältlich, bei der der Wurzelballen von einem Netz zusammengehalten wird. Die Pflanze inklusive der Umhüllung in das Loch setzen, das Netz entfernen (rechts) und das Loch mit Erde auffüllen. Andrücken nicht vergessen.

4 Immergrüne sind besonders windanfällig, da ihr Blattwerk zur Pflanzzeit voll entwickelt ist. Der Wind entzieht den Blättern Feuchtigkeit, sodass sie austrocknen und abfallen können. Immergrüne an exponierten Standorten mit einem provisorischen Windschutz versehen.

5 Die neu gepflanzten Sträucher gründlich gießen. Auch in den darauffolgenden Frühlings- und Sommerwochen muss, außer bei feuchten Witterungsverhältnissen, regelmäßig gewässert werden. Die Erde darf auf keinen Fall austrocknen, solange die Pflanze sich nicht etabliert hat.

ZIERGARTEN
PFLANZENSCHUTZ

Im Frühling nimmt der Schutz der Pflanzen vor Schädlingen und Krankheiten viel Zeit in Anspruch. Dabei sind Schnecken ein besonders hartnäckiges Problem. Auch Rosen müssen regelmäßig gegen Krankheiten behandelt werden, und der Kampf gegen das Unkraut geht unvermindert weiter.

Pflanzen vor Schnecken schützen

Schnecken sind unersättliche Pflanzenfresser und können im Garten enormen Schaden anrichten. Schneckenkorn ist zwar effektiv, gefährdet aber auch Wild- und Haustiere.

Eine Alternative besteht darin, die Schnecken in eine Falle zu locken. Platzieren Sie flache Schalen mit Bier so zwischen die Pflanzen, dass die Schnecken davon angelockt werden und darin ertrinken. Sie können aber auch ausgepresste Orangen- oder Grapefruitschalen mit der Schnittfläche nach unten auf den Grund legen. Die angelockten Schnecken müssen am darauffolgenden Morgen beseitigt werden. In manchen Fällen hilft auch Aluminiumsulfat.

Eine vielversprechende neue Methode besteht darin, die Schnecken auf biologische Weise zu bekämpfen; dabei wird ein Fadenwurm namens *Phasmarhabditis hermaphrodita* eingesetzt. Da der Boden dazu warm sein muss, eignet sich diese natürliche Maßnahme nur von der Frühlingsmitte bis zum Ende des Sommers.

Rosenkrankheiten

Rosen werden vor allem von drei Krankheiten befallen: Sternrußtau, Mehltau und Rost. Sternrußtau lässt sich leicht an schwarzen, unregelmäßig geformten Flecken auf den Blättern erkennen, die zudem meist frühzeitig abfallen. Mehltau überzieht junge Blätter mit einer weißen, pudrigen Schicht und lässt die Blüten verkümmern. Rost erkennt man dagegen nicht immer sofort: Auf der Unterseite der Blätter bilden sich kleine, orangefarbene, sporengefüllte Pusteln, und die Blattoberseite zeigt eine entsprechende hellgelbe Verfärbung. Die Blätter fallen frühzeitig ab, und die ganze Pflanze wird erheblich geschwächt.

Untersuchen Sie die Blätter (auch Unterseiten) regelmäßig auf Krankheiten und ergreifen Sie bei den ersten Anzeichen geeignete Gegenmaßnahmen. Im Handel sind verschiedene Fungizide erhältlich, die man regelmäßig abwechseln sollte, um gute Ergebnisse zu erzielen.

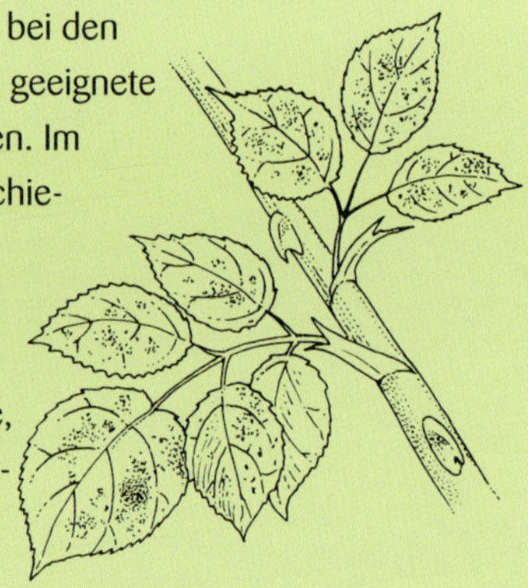

LINKS: **Schnecken fressen meist im Schutz der Dunkelheit und können selbst üppiges Blattwerk über Nacht vollkommen kahl fressen, vor allem bei feuchter Witterung.**

Unkraut jäten und verhindern

Während dieser Jahreszeit gedeiht einfach alles im Garten – vor allem Unkraut. Es ist sehr wichtig, dass Sie diese Wildkräuter regelmäßig entfernen, nicht nur damit der Garten gepflegter wirkt, sondern auch weil Ihre Kulturpflanzen nur so genügend Feuchtigkeit, Nährstoffe und Licht erhalten.

OBEN: **Eine Handgabel hilft beim Heraushebeln tiefer Wurzeln. Aus verbleibenden Wurzelresten wächst neues Unkraut schnell nach.**

1 Unkraut beseitigt man am besten, solange es noch klein ist. Einen trockenen, windigen Tag wählen, damit die Pflanzen rasch welken und absterben. Die Schuffel so halten, dass die scharfe Schnittkante parallel zur Erdoberfläche geführt wird und die Wurzeln durchtrennt. Wenn das Unkraut zwischen den Kulturpflanzen wächst, lieber eine Handgabel zum Jäten tief wurzelnder Wildkräuter verwenden.

2 Chemische Unkrautvernichter sind häufig sehr effektiv (links). Kontaktherbizide töten zwar die Blätter, die man damit besprüht, aber nicht die Wurzeln. Daher eignen sie sich für junge einjährige Wildkräuter, nicht aber für tief wurzelndes Unkraut, das wieder nachwächst.

3 Bei systemischen Herbiziden wird der Wirkstoff in alle Pflanzenteile, einschließlich der Wurzeln, geleitet; sie eignen sich am besten für hartnäckige Unkräuter wie Ackerwinde *(Convolvulus)* und Quecke *(Agropyron)*. Diese Mittel dürfen nicht versehentlich auf Kulturpflanzen gelangen.

4 Sobald die Erdoberfläche vom Unkraut befreit ist, eine dicke Schicht Rindenmulch darübergeben (oben). Dies verhindert die Keimung von Unkrautsamen in der obersten Erdschicht; außerdem lassen sich Wildkräuter, die trotzdem durch die Mulchschicht brechen, leichter herausziehen.

RASEN
ALLGEMEINE ARBEITEN

Der Rasen ist ein wichtiger Bestandteil des Gartens, da er einen ruhigen, grünen Hintergrund für die leuchtenden Farben von Beetpflanzen und Blüten bildet. Manchen Rasenflächen sieht man die Strapazen des Winters an. Mit etwas Unterstützung erstrahlen sie bald wieder.

Rasendünger ausbringen

Im Frühling kurbelt ein stickstoffreicher Dünger das Wachstum der Grashalme an und sorgt für eine kräftig grüne Farbe, während die ebenfalls im Rasendünger enthaltenen Wirkstoffe Phosphat und Kalium das Wurzelwachstum fördern und die Widerstandsfähigkeit gegen Krankheiten und widrige Witterungsbedingungen verbessern.

Dünger ist in Form von Pulver, Granulat und als Flüssigdünger erhältlich. Flüssigdünger lassen sich mit einer Düngemittelspritze auftragen; sie zeigen zwar eine rasche Wirkung, können aber bei großen Rasenflächen sehr teuer werden. Düngerpulver oder -granulat wird von Hand aufgetragen. Allerdings ist es recht schwierig, einen solchen Dünger gleichmäßig zu verteilen, sodass der Rasen eventuell fleckig wird. Am besten verwenden Sie einen Streuwagen, der den Dünger gleichmäßig abgibt.

RECHTS: **Die Frühlingsmitte ist ideal, um neuen Rasen anzulegen. Der Boden wird sorgfältig vorbereitet, bis er feinkrümelig ist.**

Rasenunkräuter entfernen

Wenn der Rasen nur an vereinzelten Stellen Unkraut aufweist, kann es entweder mit einem schmalen Handspaten oder einem Unkrautstecher entfernt oder mit speziellen Unkrautvernichtern behandelt werden.

Wenn das Unkraut den ganzen Rasen befallen hat, wird kurz nach dem Düngen der Einsatz eines selektiven Rasenherbizids erforderlich. Sie können aber auch ein Kombinationspräparat aus Rasendünger und Unkrautvernichter verwenden. Achten Sie darauf, dass diese Unkrautvernichter nicht versehentlich auf Ihre Kulturpflanzen oder in den Nachbargarten gelangen. Selbst kleinste, vom Wind fortgetragene Mengen können bei anderen Pflanzen großen Schaden anrichten.

Rasen mähen und Kanten trimmen

Ein perfekt gepflegter, smaragdgrüner, samtiger Rasen ist das Ideal vieler Gärtner – aber nur die wenigsten scheinen dieses Ziel zu erreichen. Dabei kann man mit der richtigen Rasenpflege und Mähtechnik die Qualität eines Rasens erheblich verbessern.

1 Da das Gras jetzt schnell wächst, sollte der Rasen einmal wöchentlich gemäht werden, zweimal pro Woche, wenn der Sommer näher rückt. Vor dem Mähen Steine, Tannenzapfen, Stöcke und anderen Unrat entfernen und warten, bis der Morgentau getrocknet ist.

2 Die Klingen auf die richtige Länge einstellen (unten); viel zu häufig wird der Rasen regelrecht skalpiert. In dieser Jahreszeit sollte das Gras nach dem Mähen mindestens noch 20–30 mm Länge aufweisen und im Sommer dann mindestens 15 mm (besser 20).

3 Den Rasen in parallelen Streifen auf- und abmähen. Wenn Sie einen Spindelmäher mit Walze verwenden, entstehen die bei vielen Gartenbesitzern beliebten hellen und dunklen Streifen. Diese Streifen sollten möglichst gerade und gleichmäßig verlaufen.

4 Den Rasen beim nächsten Mähen quer zur letzten Mährichtung schneiden. Eine andere Richtung bei jedem Schnitt garantiert eine glatte Rasenfläche und verhindert das Wachstum von Unkraut.

5 Nach dem Mähen die Kanten mit einem langen Kantenschneider kürzen und trimmen. Falls die Rasenkanten ungleichmäßig und schadhaft sind, können Sie sie nun mit einem Halbmond-Kantenstecher begradigen.

OBEN: **Bei warmem, feuchtem Frühlingswetter keimen die Grassamen rasch; daher eignet sich diese Jahreszeit gut zur Reparatur kahler Stellen.**

NUTZGARTEN
PFLANZEN UND SÄEN

Planen Sie die Gemüseaussaat so, dass Sie während des gesamten Sommers ernten können und nie von einer Gemüsewelle überflutet werden. Das gilt besonders für Gemüse, das sich nur kurze Zeit nutzen lässt, wie etwa Salat, der bald Samen bildet, oder Erbsen, die zäh werden.

Weiterhin Gemüse säen

Je wärmer die Tage, desto mehr Sorten können Sie aussäen. Zu den Pflanzen, die direkt ins Freilandbeet gesät werden, zählen Rote Bete, Mangold, Bohnen, Möhren, Kohlrabi, Kopfsalat, Erbsen, Rettich, Radieschen, Schalotten, Schwarzwurzel, Spinat und Weiße Rüben. Beim Säen sollten Sie so viel Platz zwischen den Reihen lassen, wie die Pflanzen zum Wachstum benötigen.

Einige Gemüsesorten wie etwa Rosenkohl, Brokkoli, Blumenkohl, Sommer-, Herbst- und Winterkohlarten sowie Lauch werden in einem Saatbeet gezogen und später an ihren endgültigen Standort gesetzt.

UNTEN: **Halten Sie den Gemüsegarten unkrautfrei und stützen Sie die Pflanzen, die es brauchen, möglichst früh.**

Gemüse am laufenden Band

„Wenig, aber oft" ist das Motto der Aussaat im Gemüsebeet. Denn nur so steht Ihnen immer frisches und zartes Gemüse zur Verfügung. Die folgenden Gemüsesorten eignen sich besonders für mehrmalige Aussaat: Rote Bete, Kohl, Möhren, Blumenkohl, Salat, Erbsen, Rettich, Radieschen, Spinat und Weiße Rüben.

Säen Sie das Gemüse in kurzen Reihen im Abstand von zwei bis vier Wochen oder nehmen Sie verschiedene Varietäten, die zu unterschiedlichen Zeiten heranwachsen.

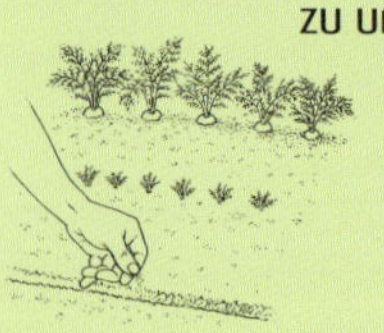

Tochterzwiebeln setzen

Zwiebeln lassen sich leicht aus Steckzwiebeln (kleine, unreife Brutzwiebeln) ziehen. Kaufen Sie am besten nur wärmebehandelte Steckzwiebeln, da das Schossrisiko bei ihnen nicht so groß ist wie bei unbehandelten Exemplaren.

1 Die Steckzwiebeln benötigen einen freien Standort und fruchtbare, feinkrümelige Erde. Unmittelbar vor dem Setzen der Zwiebeln etwas Universaldünger unter die Erde geben.

2 Die Zwiebeln mit 5–10 cm Abstand und 25 cm Reihenabstand pflanzen (je größer der Abstand, desto größer werden die Zwiebeln). Die Pflanzlöcher sollten so tief sein, dass die Spitzen der Zwiebeln gerade aus der Erde ragen.

3 Bei besonders leichtem Boden können die Zwiebeln in die Erde gedrückt werden. Auf den richtigen Abstand achten. Bei schweren Böden Pflanzlöcher ausheben, da sonst die Erde unter den Zwiebeln zusammengepresst wird. So können die Wurzeln nicht tiefer eindringen und schieben die Zwiebeln selbst nach oben.

4 Um zu verhindern, dass Vögel die frisch gepflanzten Zwiebeln aus der Erde ziehen, die abgestorbenen, braunen Spitzen der Steckzwiebeln mit einer Schere oder Gartenschere abschneiden (unten).

5 Die Zwiebeln nach dem Pflanzen gießen und von Unkraut freihalten. Wärmebehandelte Steckzwiebeln brauchen häufig etwas länger zum Wachstum als unbehandelte, holen dann aber rasch auf.

OBEN: **In der Frühlingsmitte gepflanzte Tochterzwiebeln entwickeln sich im Gemüsegarten mühelos zu perfekten, goldglänzenden Zwiebeln.**

SPÄTFRÜHLING

In dieser Jahreszeit ist das Wetter in der Regel mild und bereits recht sonnig. Die Frühlingsblüten mischen sich mit den ersten Sommerblumen, und das Blattwerk von Bäumen und Sträuchern wirkt noch immer wundervoll frisch. Für Gärtner sind die letzten Wochen des Frühlings ein Hochgenuss.

In vielen Regionen ist die Frostgefahr gegen Ende des Spätfrühlings endgültig vorüber, doch zu Beginn dieser Periode sollte man noch auf der Hut sein, vor allem in kühleren Klimazonen.

Der Spätfrühling ist der richtige Zeitpunkt zur Bepflanzung von Blumenampeln, Balkonkästen und Kübeln, die im Garten und um das Haus herum für einen farbenfrohen Blickfang sorgen. Im Gartencenter sind jetzt von vielen Kübelpflanzen auch neue und ungewöhnliche „Patio"-Sorten erhältlich. Wenn Sie diese kleinwüchsigen Pflanzen setzen, sollten Sie sie zunächst ein paar Tage abdecken oder an einen geschützten Standort bringen. Die Frühlingsbeetpflanzen haben ihren Zenit inzwischen überschritten und müssen entfernt werden, um Platz für die Sommerblumen zu schaffen. Aber vergessen Sie nicht, bereits jetzt Beetpflanzen für den nächsten Frühling zu säen.

Obwohl die Pflanzen nun kräftig wachsen, müssen sie gedüngt und von Unkraut befreit werden. Schädlingsbefall sollte man sofort behandeln. Im Nutzgarten können empfindliche Gewächse wie Stangen- und Buschbohnen sowie Zucchini jetzt problemlos im Freien ausgesät werden.

OBEN: **Die glänzenden, aromatischen Blätter der Mexikanischen Orangenblume *(Choisya ternata* 'Sundance') leuchten in kräftigem Gelbgrün.** LINKE SEITE: **Im Spätfrühling bieten die duftenden Blüten der Glyzine *(Wisteria)* häufig einen wundervollen Anblick.**

Zu guter Letzt ist der Spätfrühling die ideale Jahreszeit zum Anlegen eines Teichs, der jedem Garten ein Gefühl der Ruhe und Entspannung verleiht, was durch das leise Plätschern eines Springbrunnens oder kleinen Wasserfalls noch zusätzlich verstärkt wird.

ZIERGARTEN
ALLGEMEINE ARBEITEN

Winterharte Einjährige gedeihen in dieser Jahreszeit ganz prächtig. Stauden benötigen jetzt etwas Pflege, damit sie ihre Form behalten. Wenn Sie Sträucher vermehren möchten, versuchen Sie es mit Absenkern. Auch die Zahl der Schädlinge nimmt bei warmem Wetter leider von Tag zu Tag zu.

Pflanzen auf Schädlingsbefall überprüfen

Zu den hartnäckigsten Schädlingen zählt der Gefurchte Dickmaulrüssler. Zwar sind Gewächshauspflanzen am meisten gefährdet, aber die geschlechtsreifen Dickmaulrüssler verbreiten sich bei warmem Wetter auch im Freien (der Höhepunkt liegt zwischen Frühsommer und Herbstmitte). Man erkennt ihre nächtlichen Aktivitäten am charakteristischen unregelmäßigen Fraß an den Blatträndern. Doch der Schaden, den die Larven anrichten, ist viel schlimmer: Sie ernähren sich von Wurzeln und können das Wurzelsystem einer Pflanze vollkommen zerstören.

Falls Ihre Pflanzen also plötzlich welken und ohne ersichtlichen Grund absterben, sollten Sie – vor allem bei Topfpflanzen – mit einem Befall durch Dickmaulrüsslerlarven rechnen.

Bei längeren Warmwetterperioden können Sie die Schädlinge auf biologischem Wege bekämpfen. Verwenden Sie dazu Fadenwürmer, um die Larven zu dezimieren.

RECHTS: **Die Larven des Gefurchten Dickmaulrüsslers vertilgen das Wurzelsystem einer Pflanze, bis die gesamte Pflanze zusammenbricht.**

Pflanzen stützen

Beetpflanzen weiterhin stützen, während sie gedeihen. Die wachsenden Triebe vorsichtig um die Stützen winden und gegebenenfalls mit weichem Gartenzwirn, Kunststoffanbindern oder Bast befestigen. Selbst geschnittene Stöcke als Stützen werden mit der Zeit von den Beetpflanzen völlig verdeckt. Einmal umgeknickte Pflanzenstängel wachsen auch durch nachträgliches Stützen nicht mehr vollkommen gerade.

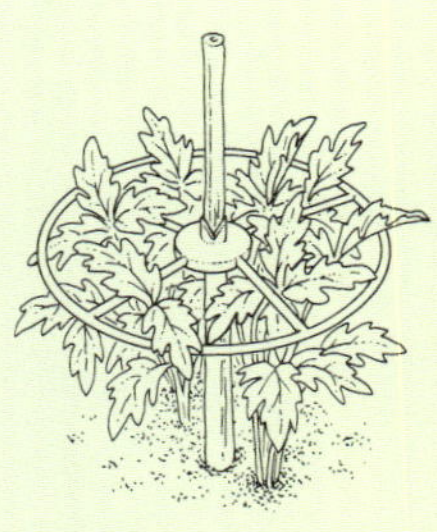

Diese Stütze wächst mit der Pflanze mit. Beim Verstellen die Stängel nicht beschädigen.

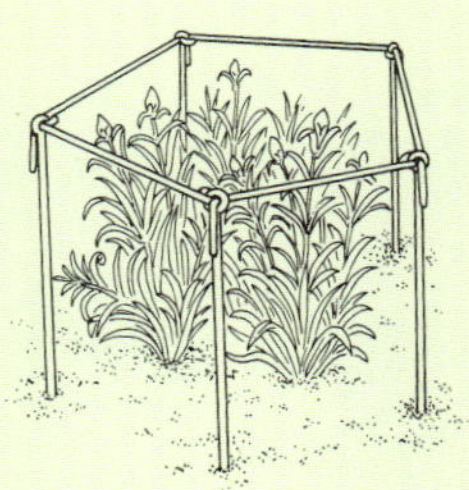

Stützgestelle aus einzelnen, ineinandergehakten Pflanzenstützen passen sich jeder Pflanzengröße und -form an.

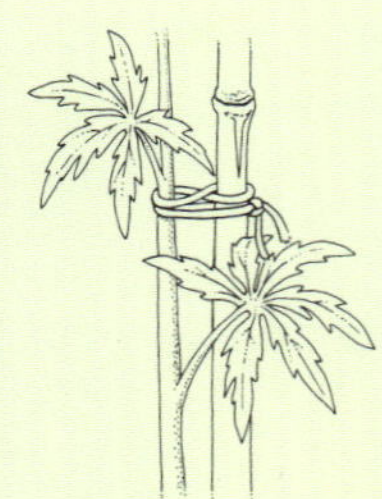

Größere Pflanzen wie etwa Rittersporn *(Delphinium)* benötigen einzelne Stäbe als Stütze für ihre Blütentriebe.

Strauchvermehrung durch Absenker

Für diese einfache Vermehrungsmethode von Sträuchern mit niedrigen Zweigen eignen sich viele Gewächse, auch Magnolien und Rhododendren, die sonst sehr schwierig zu vermehren sind. Nehmen Sie einen geeigneten, niedrig wachsenden Zweig, der unter die Erdoberfläche gesenkt werden kann, am besten einen gesunden, kräftigen Trieb vom Vorjahr.

1 Den Trieb auf den Boden drücken und die Stelle markieren, wo er die Erde berührt. Diesen Bereich mit einem Handspaten umgraben und eine etwa 10 cm tiefe Mulde ausheben (rechts), die zur Mutterpflanze hin leicht ansteigt.

2 Den Trieb erneut auf den Boden drücken, um die Lage der Mulde zu überprüfen. Die oberen 25 cm des Zweigs bis zur Spitze sollten aus dem Boden aufragen und von der steileren Muldenwand in Position gehalten werden. Alle Blätter und Seitentriebe von dem Triebteil, der abgesenkt wird, entfernen.

3 Wo der Trieb aufliegt, mit einem scharfen Messer eine kleine Kerbe in die Rinde schneiden (rechts). Diese Wunde wird die Pflanze zur Wurzelbildung anregen.

4 Den Trieb mit einer kleinen Drahtgabel im Boden feststecken (unten), die Mulde vollständig mit Erde füllen und vorsichtig andrücken.

5 Die Triebspitze an einem Stab befestigen, damit sie aufrecht wächst, und gründlich gießen – die Erde sollte stets feucht sein. Im Laufe des Sommers bilden sich an der Schnittfläche unter der Erde Wurzeln. Dann kann der gut bewurzelte Absenker ausgegraben und von der Mutterpflanze getrennt werden.

OBEN: **Durch Pikieren geben Sie den Sämlingen winterharter Einjähriger mehr Platz zum Wachsen. Lassen Sie die kräftigsten Exemplare an ihrem ursprünglichen Standort.**

ZIERGARTEN
PFLANZEN UND SÄEN

Die meisten Gärtner wünschen eine Bepflanzung, die möglichst lange attraktiv wirkt. Da die Frühlingsblüten inzwischen ihren Zenit überschritten haben, empfiehlt es sich, sie durch Sommerblumen zu ersetzen. Bei guter Planung haben Sie im Herbst und Winter noch einen farbenfrohen Garten.

Frühlingsblüten durch Sommerblumen ersetzen

Gegen Ende des Spätfrühlings sollte das Wetter so warm sein, dass Sie verwelkte Frühlingsblüten problemlos durch eine abgehärtete Sommerbepflanzung ersetzen können.

Entfernen Sie zusammen mit der alten Bepflanzung eventuelle Unkräuter, graben Sie den Boden um und verteilen Sie etwas Universaldünger über die Oberfläche. Nehmen Sie die Pflanzen aus ihren Töpfen, lockern Sie die Wurzeln, graben Sie mit dem Handspaten ein Loch und setzen Sie die Pflanzen ein. Dann drücken Sie die Erde an und gießen die frisch bepflanzten Beetbereiche.

Vorausschauend planen

Damit Ihre Dahlien im Spätsommer und Frühherbst farbenfrohe Blüten hervorbringen, sollten Sie die überwinterten Knollen oder bewurzelten Stecklinge jetzt einpflanzen. Nur in manchen kälteren Regionen, in denen die Frostgefahr noch nicht vollständig gebannt ist, sollten Sie eventuell noch etwas länger warten.

Im Winter sorgen winterblühende Stiefmütterchen *(Viola)* für Farbe im Garten. Am besten säen Sie sie jetzt, vorzugsweise im Frühbeet, damit sie im Herbst gesetzt werden können. Die Blüten erscheinen dann während mildwarmer Wetterperioden im Winter und vor allem im Vorfrühling.

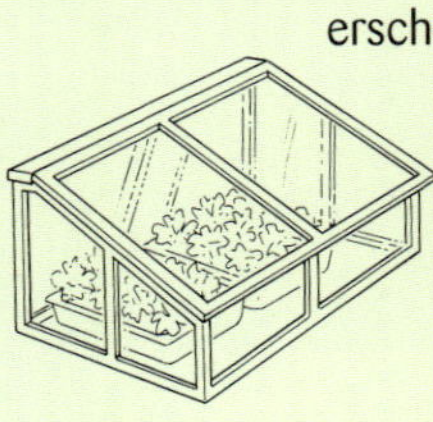

LINKS: **Das leuchtende Gelb der Ringelblumen *(Calendula)* verleiht Ihren Sommerrabatten eine heitere Note.**

RECHTS: **Sobald die Frühlingsblüten welken, können Sie Kübel und Töpfe mit attraktiven Sommerblumen bepflanzen.**

Kübel bepflanzen

Kübel, Balkonkästen und Blumenampeln mit attraktiver, lange blühender Bepflanzung sind sehr beliebt. Da die Frostgefahr jetzt im Grunde vorüber ist, können Sie sie mit Pflanzen Ihrer Wahl bestücken und ins Freie setzen.

1 In dieser Jahreszeit bieten die Gartencenter eine große Auswahl an geeigneten Pflanzen. Sowohl aufrecht wachsende als auch Hängepflanzen in Komplementärfarben wählen und einige Blattpflanzen zwischen die blühenden Exemplare setzen.

2 Drainagelöcher des gewählten Pflanzenbehälters überprüfen und gegebenenfalls vergrößern. Die Löcher mit großen Steinen oder Tonscherben bedecken, damit überschüssiges Wasser ungehindert abfließen kann (rechts).

3 Zwei Drittel des Kübels mit Substrat füllen und etwas Langzeitdünger und Wasser speicherndes Granulat daruntergeben (links) – auf diese Weise müssen Sie weniger häufig gießen.

4 Die Pflanzen in ihren Plastiktöpfen zur Probe arrangieren. Auf ein ausgewogenes Gleichgewicht zwischen aufrecht wachsenden und Hängepflanzen und eine harmonische Kombination von Farben und Blattstrukturen achten.

5 Den Kübel mithilfe eines Handspatens bepflanzen und gegebenenfalls mit Substrat auffüllen. Die Pflanzen fest andrücken (oben), gründlich gießen und den Kübel ein bis zwei Tage an einen halbschattigen Standort stellen, damit sich die Pflanzen etwas erholen können.

WASSERGARTEN
GARTENTEICH

Jeder Garten bietet die Möglichkeit, Wasser als gestalterisches Element einzusetzen. Und nicht nur Sie werden Ihre Freude am sprudelnden Wasser, den Fischen und den leuchtenden Wasserpflanzen haben, sondern auch viele verschiedene Tierarten.

Wasserläufe und Wasserfälle

Ein Gartenteich ist ein Blickfang, doch mit fließendem Wasser wirkt das Ganze noch lebendiger: Es erzeugt ein angenehmes Plätschern und sorgt für einen hohen Sauerstoffgehalt im Teich, der Fischen und Pflanzen nutzt.

Sowohl Wasserläufe als auch Wasserfälle und Springbrunnen halten Wasser in Bewegung. Am einfachsten erzielen Sie die gewünschte Wirkung mit einer Unterwasserpumpe. Sobald erst einmal der Elektroanschluss gelegt ist (lassen Sie diese Arbeit unbedingt von einem Elektriker durchführen), können verschiedene Springbrunnenaufsätze installiert werden. Dagegen erfordern Wasserfälle etwas mehr Vorbereitung. Verzichten Sie auf vorgefertigte Bauteile und errichten Sie den Wasserlauf lieber mithilfe einer Teichfolie, über die Sie flache Natursteinplatten legen und so die Abstufungen erzeugen.

UNTEN: **Das Plätschern von einem Wasserfall oder einem Springbrunnen erweckt jeden Gartenteich zum Leben.**

Tierwelt im Gartenteich als Hilfe bei der Schädlingsbekämpfung

Sobald der Gartenteich angelegt ist, wird sich eine Vielfalt von Tierarten in Ihrem Garten einfinden. Frösche, Kröten und Wassermolche vertilgen eine große Anzahl von Insekten. Bald werden auch Vögel Ihren Teich aufsuchen, um dort zu trinken und zu baden, und schneckenfressende Raubtiere stillen hier gleichermaßen ihren Durst. Auch die farbenfrohen Libellen sind gefürchtete Insektenfresser. Ein flacher Wasserbereich mit einem von Uferpflanzen gesäumten „Strand" lädt eine Vielzahl von Lebewesen ein und hilft, dass Säugetiere gefahrlos wieder aus dem Wasser kommen.

Einen Gartenteich anlegen

Der Spätfrühling ist der perfekte Zeitpunkt zur Anlage und Bepflanzung eines Gartenteichs. Diese Aufgabe geht leichter von der Hand, als viele Menschen denken; achten Sie allerdings darauf, dass Ihr Teich an einem offenen, sonnigen Standort entsteht, weit weg von überhängenden Bäumen.

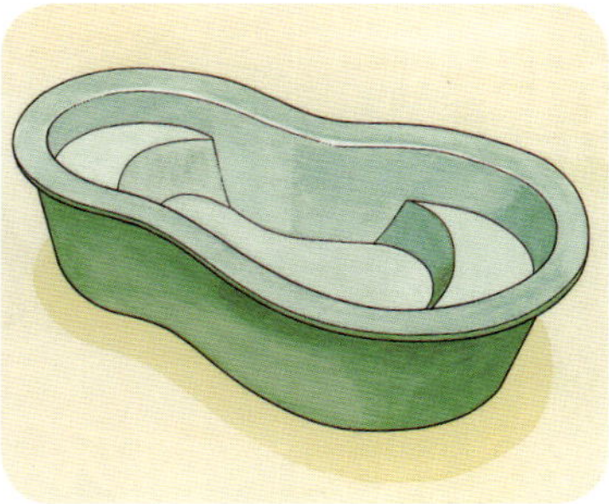

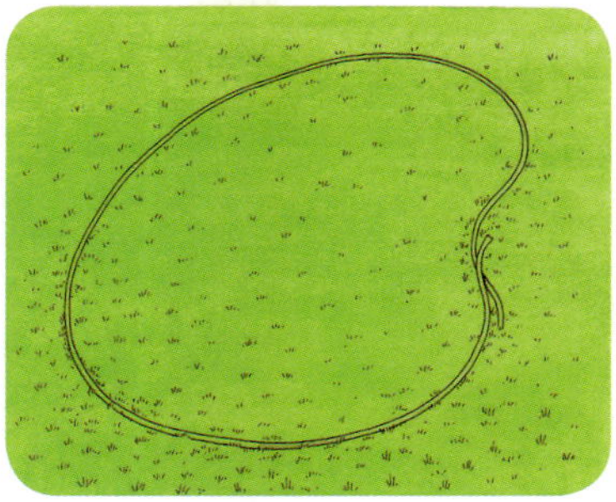

1 Vorgefertigte Teichwannen sind zwar sehr beliebt, bieten aber nur eine begrenzte Auswahl an Formen und Größen. Dagegen lässt sich mit Teichfolie jede gewünschte Teichform anlegen. PVC-Folien sind preiswerter als Teichfolie aus Butyl-Kautschuk, halten aber nicht so lange.

2 Die Umrisse des Teichs mit einem Seil oder einer Sandspur markieren; am besten eignen sich schlichte Nierenformen. Die Grube in gewünschter Tiefe ausheben, die Seitenwände sollten leicht geneigt sein. Einen 25 cm breiten und 20 cm tiefen Sockel für die Uferpflanzen anlegen und überprüfen, ob der Teichrand waagerecht ist.

3 Spitze Steine oder andere Gegenstände, die die Teichfolie beschädigen könnten, entfernen und den Grund der Grube und des Sockels mit einer flachen Sandschicht bedecken (oben). Die Folie über die Grube breiten, ohne ihre Form exakt nachzubilden. Den Rand der Folie mit Steinen beschweren.

OBEN: **Solange das Gleichgewicht zwischen Pflanzen, Tieren und Wasser stimmt, benötigen Gartenteiche nur wenig Pflege. Legen Sie einen möglichst großen Teich mit mindestens 60 cm Tiefe an, denn: Je kleiner der Teich, desto schwieriger lässt er sich in Ordnung halten.**

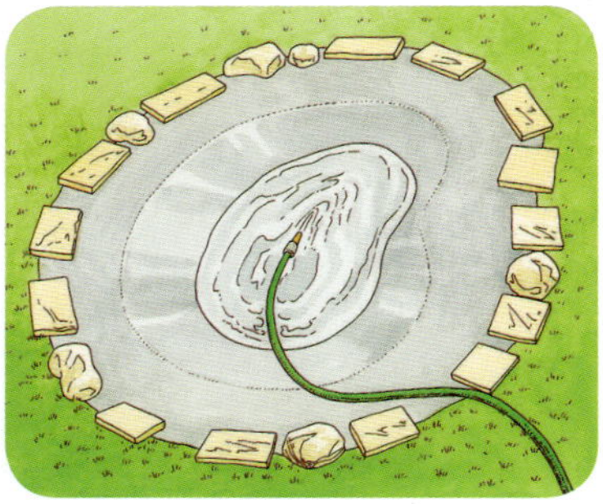

4 Einen Gartenschlauch in die Mitte der Folie legen und Wasser einlaufen lassen. Das Gewicht des Wassers dehnt die Folie allmählich, sodass sie sich der ausgegrabenen Form exakt anpasst. Sobald der Teich mit Wasser gefüllt ist, die überstehende Folie bis auf einen 15 cm breiten Rand zurechtschneiden, der mit Steinen verdeckt wird.

WASSERGARTEN
GARTENTEICH

Fische verleihen einem Teich zusätzliches Leben und verhindern, dass Mücken zu einem Problem werden. Wasserpflanzen wie Seerosen bilden den krönenden Abschluss. Außerdem ist jetzt die richtige Zeit, um neue Pflanzen zu setzen oder bereits existierende zu teilen.

Fische einsetzen

Mücken suchen gerne stille Wasserflächen auf, um dort ihre Eier abzulegen, und sobald der Nachwuchs aus den Eiern geschlüpft ist, verleiden ganze Schwärme den Aufenthalt im Garten. Fische im Gartenteich sind eine ideale Lösung für dieses Problem, da sie die Larven auffressen und so verhindern, dass der Mückennachwuchs sich entwickelt.

Zu den am weitesten verbreiteten Fischarten in Gartenteichen zählen die Goldfische – sie sind preiswert, fast überall erhältlich und meist problemlos zu halten. Goldorfen mit ihren schlanken Körpern und der attraktiven hellen Goldtönung sind ebenfalls sehr beliebt.

Der Shubunkin-Goldfisch hat silberne, rote, blaue, braune und schwarze Farbtupfer, während der Schleierschwanz eine attraktive, geteilte Schwanzflosse besitzt.

Setzen Sie nicht mehr als drei bis fünf Fische pro Quadratmeter ein.

OBEN: **In einem Teich sollten nicht mehr als drei bis fünf Fische pro Quadratmeter leben. Halten Sie sich an diese Regel.**

Tiefwasserpflanzen teilen

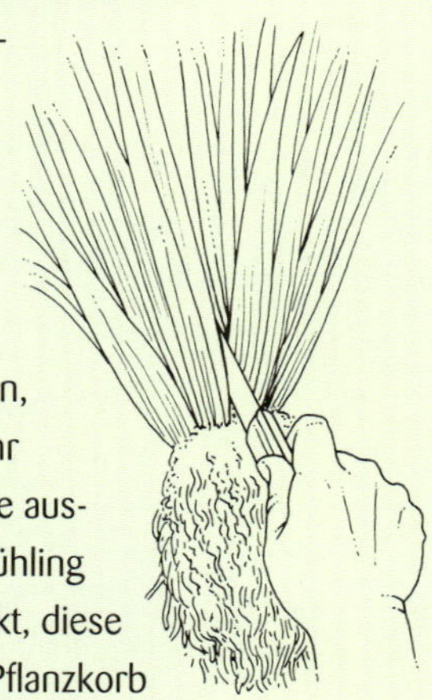

Wasserpflanzen wie Seerosen *(Nymphaea)* und Wasserähre *(Aponogeton distachyos)* werden im Laufe der Zeit so groß, dass sie ihren Pflanzkörben entwachsen, was sich nachteilig auf ihr Wachstum und ihre Blüte auswirken kann. Der Spätfrühling ist ein günstiger Zeitpunkt, diese Pflanzen zu teilen. Den Pflanzkorb dafür aus dem Wasser holen. Bei stark gewucherten Exemplaren müssen Sie den Korb aufschneiden. Die Pflanze mit einem Spaten oder einem Messer in kleinere Abschnitte teilen. Die Pflanzen in neue Körbe setzen, die mit Sackleinen ausgekleidet, mit schwerem, feuchtem Lehm gefüllt und mit Kies oder Splitt abgedeckt werden, bevor sie wieder in den Teich gesetzt werden.

Wasserpflanzen einsetzen

Die richtige Pflanzenmischung ist für die Wasserqualität Ihres Gartenteichs von entscheidender Bedeutung: Sauerstoffbildende Pflanzen wie Kanadische Wasserpest *(Elodea canadensis)* halten das Wasser klar, aber auch Wasserpflanzen mit schwimmenden Blättern, etwa Seerosen *(Nymphaea)* und Wasserähre *(Aponogeton distachyos)*, sind nützlich.

1 Einen Pflanzkorb mit Sackleinen auslegen und mit schwerem, feuchtem Lehm füllen.

2 Die Pflanzen in die Erde setzen, fest andrücken und sorgfältig gießen. Das Pflanzsubstrat mit Kies oder Splitt bedecken, damit die Erde nicht ausgeschwemmt wird.

3 Den Korb langsam absenken, bis er auf dem Grund oder Sockel steht. Wenn Sie die Pflanzen nicht direkt in eine Erdschicht auf dem Grund setzen, sondern in Pflanzkörbe, können Sie sie leichter herausnehmen und pflegen.

OBEN: **Füttern Sie die Fische im Frühling und Sommer mit speziellem Fischfutter und entfernen Sie nach 10 Minuten die Futterreste.**

4 Sauerstoffbildende Pflanzen werden häufig als unbewurzelte Stängelbündel angeboten. Mit einem kleinen Bleigewicht verhindern Sie, dass die Stiele an die Wasseroberfläche steigen. In mit Lehm gefüllten Pflanzkörben bilden sie rasch Wurzeln.

5 Nicht alle Seerosen *(Nymphaea)* benötigen die gleiche Wassertiefe. Sorten, die eigentlich in Uferzonen gedeihen, können in tieferen Wasserbereichen mithilfe von Ziegelsteinen auf die richtige Höhe gebracht werden.

NUTZGARTEN
PFLANZEN UND SÄEN

Das Gemüse im Nutzgarten wächst jetzt so rasch, dass man dabei zuschauen könnte. Bei trockenem Wetter muss gegossen werden, man sollte jedoch den richtigen Zeitpunkt zum Gießen beachten. Auch können Sie jetzt Stangenbohnen im Freien säen.

Bohnen im Freien säen

Der Boden müsste jetzt so warm sein, dass Bohnensamen darin rasch zu keimen beginnen, und gegen Ende des Spätfrühlings dürfte den frischen Sämlingen eigentlich kein Nachtfrost mehr drohen.

Buschbohnen werden in Reihen mit 8 cm Pflanzabstand gesät. Kletter- und Stangenbohnen benötigen Rankhilfen, die vor der Aussaat platziert werden sollten – eine doppelte Reihe aus Bambusstäben, die einander an der Spitze kreuzen, eignet sich gut. Hohe Erträge erzielt man auch mit mehreren Reihen von Stangen, wobei der Abstand zwischen den einzelnen Stangen 30 cm und der zwischen den Reihen 60 cm beträgt; am Fuß jeder Stange werden zwei Bohnen gesät.

Im Handel sind viele Varietäten von Busch- und Stangenbohnen erhältlich. Bei Miniatursorten sollten die Schoten nicht zu dicht über dem Boden hängen, da sie sonst von Schnecken gefressen oder mit Dreck bespritzt werden. Varietäten mit violetten oder goldfarbenen Hülsen lassen sich leicht pflücken.

OBEN: **Manchmal fallen die Blüten der Kletterbohne aus, ohne Schoten zu bilden. Ursache ist meist ein zu trockener Boden.**

Gemüse gießen

Eine trockene Phase während dieser Jahreszeit kann bei Jungpflanzen zu einer Beeinträchtigung des Wachstums führen, sodass Sie sie gegebenenfalls gießen sollten. Blattgemüse wie Kohl und Spinat belohnt Sie mit erhöhten Erträgen, wenn es während der Wachstumszeit regelmäßig gegossen wird. Generell sollten alle frisch umgesetzten Gemüsepflanzen gewässert werden, bis sie sich etabliert haben. Allerdings darf man manche Gemüsesorten nicht zu früh gießen, da dies das Blattwachstum fördert – auf Kosten der Blüten- und Fruchtbildung.

So sollten Sie Bohnen und Erbsen erst gießen, wenn sie zu blühen beginnen (es sei denn, die Pflanzen verwelken bereits) – danach aber regelmäßig, damit sich viele zarte Schoten bilden.

Gemüse in Töpfe pflanzen

Nicht jeder Garten bietet Platz für einen eigenen Nutzgartenbereich, aber in fast jedem findet sich ein Eckchen, um Gemüse in Töpfen oder Pflanzsäcken anzubauen. Mit den richtigen Sorten lassen sich überraschend gute Ergebnisse erzielen. Die Kübel und Töpfe sollten genügend Drainagelöcher besitzen. Bedecken Sie sie mit Tonscherben oder grobem Drainagematerial, bevor Sie die Töpfe mit Substrat füllen.

1 Kübel und Töpfe auf die übliche Weise vorbereiten. Drainagelöcher mit Tonscherben oder grobem Drainagematerial bedecken und die Töpfe mit Substrat füllen: Torfkultursubstrat oder lehmhaltige Blumenerde – ganz nach Wunsch.

2 Tomaten, Auberginen und Paprika gehören zu den am häufigsten in Kübeln gezogenen Gemüsepflanzen. Jetzt werden abgehärtete Jungpflanzen ins Freie gesetzt. Etwas Wasser speicherndes Granulat unter das Pflanzsubstrat geben, damit Sie weniger häufig gießen müssen.

3 In Pflanzsäcken (oben) gedeihen auch buschige Zucchinipflanzen (nur ein Exemplar pro Kultursack). Sie können aber auch Kletterbohnen in Pflanzsäcken am Fuß eines Zauns oder vor einer Mauer platzieren. Gemüse in Kultursäcken muss regelmäßig gegossen werden.

4 Auch Kartoffeln, Rote Bete, Kohlrabi, Möhren, Buschbohnen (oben), Kopfsalat und Radieschen eignen sich gut für die Topfkultur. Schnell reifende, kompaktwüchsige Sorten verwenden, die speziell für Balkone oder Terrassen gezüchtet wurden.

LINKS: **Zucchinis lassen sich hervorragend in Pflanzsäcken ziehen, müssen aber reichlich und häufig gegossen werden.**

NUTZGARTEN
KRANKHEITEN UND SCHÄDLINGE

Normalerweise sind Vögel im Garten willkommen, da sie eine Vielzahl von Schädlingen bekämpfen. Leider können sie sich im Nutzgarten jedoch zu einer Plage entwickeln, wenn sie über Früchte und Beeren herfallen. Daher sollten besonders gefährdete Gartenbereiche vor ihnen geschützt werden.

Gemüse und Obst vor Vögeln schützen

Die an sich gern gesehenen Vögel entwickeln sich zu wahren Plagegeistern, sobald sie sich auf die reifenden Früchte stürzen. Die Beerensaison erreicht nun bald ihren Höhepunkt, und viele Vögel schätzen die saftigen Früchte genau so sehr wie wir. Aber auch Erbsen und anderes junges Gemüse sind vor ihnen nicht sicher.

Am besten schützen Sie die gefährdeten Pflanzen mit Netzen, vorzugsweise mit einem Käfig aus Maschendraht oder Kunststoffnetz, damit Sie Zugang zu Ihrer Ernte haben. Erdbeeren lassen sich mit niedrigen Folien- oder Netztunneln schützen. Ansonsten sollte man es einmal mit der guten alten Vogelscheuche versuchen.

OBEN: **Die Beerensaison ist wohl die Lieblingszeit der Vögel. Damit sie nicht die ganze Ernte fressen, sollten Sie Schutzmaßnahmen ergreifen.**

Früchte vor Maden schützen

Viele kennen das: Sie beißen herzhaft in einen scheinbar perfekten Apfel und stellen dann fest, dass er von Maden zerfressen ist. Häufig handelt es sich dabei um die Raupen des Apfelwicklers, der zurzeit wieder zur Paarung ausfliegt. Eine Bekämpfung mit chemischen Mitteln ist schwierig, aber der Schaden lässt sich auf biologischem Wege mithilfe von Pheromonfallen begrenzen. Diese werden in die Bäume gehängt, um die männlichen Wickler anzulocken. Sie bleiben an klebrigen Papierstreifen im Inneren hängen und können keine neuen Eier befruchten. Diese Fallen wurden ursprünglich von Obstbauern eingesetzt, doch sie können auch im Hausgarten sehr nützlich sein.

Erdbeeren schützen

Erdbeeren zählen zu den Lieblingsfrüchten vieler Gärtner – doch ohne entsprechende Schutzmaßnahmen werden ihnen wahrscheinlich Vögel, Schnecken oder andere Schädlinge zuvorkommen. Der Spätfrühling ist der richtige Zeitpunkt, um die Pflanzen zu schützen.

1 Da die Erdbeeren dicht über dem Boden wachsen, sollten sie vor Feuchtigkeit, Schmutz und am Boden lebenden Schädlingen geschützt werden. Unter und zwischen den Pflanzen Stroh ausbreiten, sodass die heranreifenden Früchte trocken und sauber liegen.

2 Statt Stroh können Sie aber auch Mulchfolie oder Matten verwenden (oben). Sie verhindern Schmutzspritzer und hemmen das Wachstum von Unkräutern, wirken aber nicht so gut gegen Schnecken und andere Schädlinge.

3 Viele Gartenvögel haben eine Vorliebe für Erdbeeren und werden geradezu magisch von den reifenden Früchten angezogen. Die einzige Schutzmaßnahme besteht darin, die Erdbeeren mit einem Netz abzudecken (oben).

4 Allerdings hat es keinen Zweck, einfach nur ein Netz über die Pflanzen zu werfen. Besser eignen sich spezielle niedrige Käfige, die Sie aus Metallstützen und Maschendraht oder Kunststoffnetz auch selbst anfertigen können. Achten Sie darauf, dass Sie selbst leicht an die Früchte herankommen, damit Sie sie mühelos pflücken und danach wieder abdecken können.

5 In manchen Gärten lohnt es sich sogar, einen begehbaren Obstkäfig aufzustellen, in dem Johannis-, Erd-, Him- und Blaubeeren sicher gedeihen können. Die zusätzlichen Kosten für diese Schutzmaßnahme werden durch die ungestörte Ernte wieder wettgemacht.

LINKS: **Bleiglanz ist bei Pflaumenbäumen weit verbreitet. Befallene Zweige so weit zurückschneiden, bis das Holz nicht mehr braun verfärbt ist.**

FRÜHLING IM ÜBERBLICK
AUFGABEN UND PFLANZEN

Vorfrühling

ALLGEMEINES
- Bei gutem Wetter den Boden für die Aussaat vorbereiten.
- Unkraut entfernen und Mulchmaterial verteilen.

ZIERGARTEN
- Bäume und Sträucher (Containerware) pflanzen. Stauden teilen.
- Zierpflanzen stützen, wenn sie höher werden.
- Winterharte Einjährige und Duftwicken im Freien säen.
- Rosen, Sommerflieder, Hortensien und Hartriegel schneiden.
- Winterschutz von Pflanzen entfernen.
- Im Frühling blühende Zwiebelblumen, Stauden und Sträucher spätestens jetzt düngen.
- Um alpine Pflanzen frischen Splitt verteilen.
- Winterheide zurückschneiden.

RASENFLÄCHEN
- Mit dem Mähen beginnen, Schäden im Rasen sanieren.

NUTZGARTEN
- Das letzte überwinterte Gemüse ernten. Frühe Arten an Ort und Stelle säen.
- Frühkartoffeln, Rhabarber und Schalotten pflanzen.
- Weiterhin Rhabarber und Meerkohl ernten.
- Im Herbst oder Vorfrühling gesäte dicke Bohnen und Erbsen stützen.
- Frühe Blüten an Obstbäumen schützen.
- Beerensträucher stützen.
- Himbeerstützen kontrollieren.

Frühlingsmitte

ALLGEMEINES
- Unkraut, Schnecken und andere Schädlinge bei Bedarf bekämpfen.
- Pflanzen auf Frostschäden kontrollieren.

ZIERGARTEN
- Sommerzwiebelblüher pflanzen. Welke Blüten von Frühlingszwiebelblumen abschneiden. Einjährige im Gartencenter kaufen.
- Weiter frostharte Einjährige säen.
- Stecklinge von Beetpflanzen schneiden.
- Schneeglöckchen umpflanzen, solange die Blätter noch grün sind.
- Grüne Triebe an panaschierten Sträuchern entfernen.
- Rosenkrankheiten behandeln.
- Alpine und Immergrüne pflanzen.
- Forsythien und andere Frühlingsblühsträucher nach der Blüte schneiden.

RASENFLÄCHEN
- Düngen, eventuell ein Kombiprodukt gegen Unkraut verwenden.
- Mähen, Kanten bei Bedarf abstechen.
- Wurmauswurf und Moos behandeln.
- Neue Rasenflächen ansäen.

WASSERGARTEN
- Aushubarbeiten für einen neuen Teich beginnen.

NUTZGARTEN
- Weiterhin Folgesaaten legen. Graben für Stangenbohnen vorbereiten.
- Winterkohl im Freiland säen.
- Unkraut regelmäßig hacken.
- Porree und Steckzwiebeln pflanzen.
- Kartoffeln anhäufeln. Mittelfrühe und späte Sorten pflanzen.
- Obstbäume mit Fungizid spritzen, falls im Vorjahr Mehltau aufgetreten ist.
- Keine Insektizide spritzen, wenn bestäubende Insekten fliegen.
- Pflaumenbäume schneiden.

LINKS: **Über einer frischen Schicht aus sauberem Splitt kommen die Blüten alpiner Pflanzen besonders gut zur Geltung.**

Spätfrühling

ALLGEMEINES
- Alle Pflanzen auf Schädlingsbefall überprüfen und umgehend behandeln.
- Kräftig wachsende Pflanzen regelmäßig düngen.
- Mehrjähriges Unkraut mit einem Herbizid behandeln.

ZIERGARTEN
- Hängeampeln, Kästen und Kübel bepflanzen.
- Beetpflanzen weiterhin stützen.
- Sämlinge von Einjährigen unkrautfrei halten und bei Bedarf vereinzeln.
- Frühlingsbeetpflanzen entfernen, Sommerblumen pflanzen.
- Dahlien pflanzen.
- Welke Narzissenblüten abschneiden.
- Frisch gepflanzte Bäume und Sträucher bei Trockenheit gießen.
- Immergrüne Hecken bei Bedarf schneiden.

RASENFLÄCHEN
- Kürzer mähen. Unkraut punktuell mit einem Herbizid bekämpfen.

WASSERGARTEN
- Neue Teiche anlegen und bepflanzen.
- In älteren Teichen Tiefwasserpflanzen teilen und neue Pflanzen einsetzen.
- Seerosenblätter mit Blattlausbefall eintauchen, damit die Fische die Insekten fressen.

NUTZGARTEN
- Bei Bedarf gießen. Am besten morgens, wenn der Tau getrocknet ist.
- Weiterhin Folgesaaten legen, um fortlaufend ernten zu können.
- Abgehärtete Busch- und Stangenbohnen auspflanzen, wenn kein Frost mehr droht. Bohnen im Freiland säen.
- Sämlinge in den Reihen ausdünnen. Möhren ausdünnen, Erbsen stützen.
- Gemüse in Kübel und Substratsäcke pflanzen.
- Pflaumen auf Bleiglanz kontrollieren.
- Pheromonfallen gegen Apfelwickler aufhängen.
- Stroh um Erdbeeren verteilen, Netze gegen Vögel spannen.

Zierpflanzen der Saison

Vorfrühling

BÄUME UND STRÄUCHER

Acer pseudoplatanus 'Brilliantissimum' (Berg-Ahorn), *A. rubrum* (Rot-Ahorn)
Calluna 'Spring Cream', *C.* 'Spring Torch' und andere (Heidekraut)
Camellia japonica (Kamelie)
Chaenomeles speciosa, C. japonica (Zierquitte)
Chimonanthus praecox (Winterblüte)
Clematis armandii (Waldrebe)
Cornus mas (Kornelkirsche)
Corylopsis pauciflora (Scheinhasel)
Erica carnea in Sorten (Winterheide)
Forsythia intermedia, F. suspensa (Goldglöckchen)
Magnolia stellata (Stern-Magnolie)
Prunus cerasifera pissardii (Kirschpflaume)
Salix caprea (Weide)

STAUDEN UND BEETPFLANZEN

Aubrieta (Blaukissen)
Bergenia cordifolia (Bergenie)
Doronicum (Gämswurz)
Primula vulgaris und andere (Primel, Schlüsselblume)
Pulmonaria (Lungenkraut)

ZWIEBELGEWÄCHSE

Anemone (Windröschen)
Bulbocodium vernum (Lichtblume)
Chionodoxa (Schneeglanz)
Crocus (Krokus)
Cyclamen coum (Alpenveilchen)
Eranthis (Winterling)
Erythronium (Hundszahn)
Iris danfordiae, I. reticulata (Iris)
Leucojum vernum (Märzenbecher)
Muscari (Traubenhyazinthe)
Narcissus (Narzisse, Osterglocke)
Pushkinia scilloides (Puschkinie)
Tulipa kaufmanniana, T. fosteriana, T. tarda und andere (Tulpe)

Frühlingsmitte

BÄUME UND STRÄUCHER

Acer pseudoplatanus 'Brilliantissimum' (Berg-Ahorn), *A. rubrum* (Rot-Ahorn)
Amelanchier lamarckii (Felsenbirne)
Berberis darwinii, B. stenophylla (Berberitze)
Ceanothus (Säckelblume)
Clematis alpina, C. armandii (Waldrebe)
Cytisus praecox (Ginster)
Daphne burkwoodii, D. cneorum (Seidelbast)
Forsythia (Goldglöckchen)
Kerria japonica (Ranunkelstrauch)
Magnolia soulangeana, M. stellata (Stern-Magnolie)
Malus (Apfel, Zierapfel)
Osmanthus burkwoodii, O. delavayii (Duftblüte)
Pieris (Lavendelheide)
Prunus in Sorten (Zierkirsche)
Rhododendron
Ribes sanguineum (Blut-Johannisbeere)
Rosmarinus officinalis (Rosmarin)
Spiraea arguta (Spierstrauch)
Ulex europaeus (Stechginster)
Vinca major (Großes Immergrün), *V. minor* (Kleines Immergrün)

STAUDEN UND BEETPFLANZEN

Aurinia saxatilis (Felsen-Steinkresse)
Aubrieta (Blaukissen)
Bellis perennis (Gänseblümchen)
Bergenia (Bergenie)
Doronicum (Gämswurz)
Erysimum cheirii (Goldlack)
Epimedium (Elfenblume)
Euphorbia characias (Wolfsmilch)
Helleborus orientalis (Lenzrose)
Iberis sempervirens (Schleifenblume)
Myosotis (Vergissmeinnicht)
Primula (Primel, Schlüsselblume)

ZWIEBELGEWÄCHSE

Anemone (Windröschen)
Bulbocodium vernum (Lichtblume)
Chionodoxa (Schneeglanz)
Convallaria majalis (Maiglöckchen)
Erythronium revolutum (Rosa Hundszahn)
Fritillaria imperialis (Kaiserkrone), *F. meleagris* (Schachbrettblume)
Leucojum vernum (Märzenbecher)
Muscari (Traubenhyazinthe)
Narcissus (Narzisse, Osterglocke)
Tulipa (Tulpe)

RECHTS: **In offenen Lagen nehmen die stattlichen Blüten der *Magnolia soulangeana* oft Schaden durch späten Frost.**

Spätfrühling

BÄUME UND STRÄUCHER

Aesculus hippocastanum (Rosskastanie)
Berberis (Berberitze)
Buddleja globosa (Sommerflieder)
Ceanothus (Säckelblume)
Cercis siliquastrum (Judabaum)
Choisya ternata (Orangenblume)
Clematis montana und großblumige Hybriden (Waldrebe)
Crataegus (Weißdorn)
Crinodendron hookerianum (Laternenbaum)
Davidia involucrata (Taschentuchbaum)
Deutzia gracilis, D. rosea (Deutzie)
Genista hispanica (Span. Ginster)
Kerria japonica (Rankunkelstrauch)
Kolkwitzia amabilis (Kolkwitzie)
Laburnum (Goldregen)
Magnolia soulangiana (Magnolie)
Malus (Apfel, Zierapfel)
Paeonia (Pfingstrose)
Pieris (Lavendelheide)
Potentilla fruticosa (Fingerstrauch)
Prunus (Zierkirsche)
Rhododendron (Rhododendron und Gartenazaleen)
Robinia hispida, R. margaretta (Robinie)
Rosmarinus officinalis (Rosmarin)
Sambucus racemosa plumosa 'Aurea' (Holunder)
Sorbus aria (Gewöhnliche Maulbeere)
Sorbus aucuparia (Eberesche)
Spiraea arguta (Spierstrauch)
Syringa (Flieder)
Viburnum opulus (Schneeball), *V. plicatum* (Jap. Schneeball)
Weigela (Weigelie)
Wisteria (Blauregen)

STAUDEN UND BEETPFLANZEN

Ajuga reptans (Günsel)
Aurinia saxatilis (Steinkresse)
Aquilegia (Akelei)
Armeria (Grasnelke)
Aubrieta (Blaukissen)
Dicentra spectabilis (Tränendes Herz)
Euphorbia (Wolfsmilch)
Geranium (Storchschnabel)
Helianthemum (Sonnenröschen)
Iberis (Schleifenkraut)
Lithodora diffusa (Steinsame)
Primula (Primel, Schlüsselblume)
Saxifraga umbrosa (Steinbrech)

ZWIEBELGEWÄCHSE

Allium (Zierlauch)
Anemone (Anemone)
Hyacinthoides non-scripta (Spanisches Hasenglöckchen)
Convallaria majalis (Maiglöckchen)
Fritillaria imperialis (Kaiserkrone)
Hyacinthus (Hyazinthe)
Leucojum aestivum (Sommer-Knotenblume)
Tulipa (Tulpe)

FRÜHSOMMER

Während man im Garten noch überall die Frische des Frühlings spürt, entfaltet sich jetzt allmählich die üppige Blütenfülle des Sommers. Und obwohl es für den Gärtner noch reichlich zu tun gibt, weicht die hektische Betriebsamkeit des Frühlings einer ruhigeren Phase.

Während wir uns nach warmem Wetter sehnen, braucht die Natur unbedingt genügend Regen, damit die Pflanzen kräftig weiterwachsen können. Der Frühsommer zeichnet sich zwar oft durch Mischwetter aus, aber als Gärtner sollte man bei anhaltend trockenem Wetter mit Gießkanne oder Gartenschlauch Abhilfe schaffen. Es zahlt sich aus, wenn man Wasser speicherndes Granulat unter das Pflanzsubstrat gemischt und den Boden gemulcht hat, sodass weniger Feuchtigkeit verdunstet.

Ab jetzt muss man sich keine Sorgen mehr wegen drohender Nachtfröste machen, und sämtliche empfindlichen Pflanzen dürfen nun ins Freie. Die Wachstumsbedingungen in dieser Jahreszeit sind nahezu ideal, und schnellwüchsige Pflanzen müssen regelmäßig gepflegt und an ihren Stützen befestigt werden, damit sie nicht alles überwuchern.

Frühlingsblühende Sträucher wie Forsythien haben jetzt ihren Zenit überschritten und sollten nach der Blütezeit zurückgeschnitten werden. Dagegen bringen Rosen bald ihre schönsten Blüten hervor, die jedoch nur allzu häufig durch Schädlinge und Krankheiten verdorben werden. Sprühen Sie sie vorbeugend mit einem Fungizid, kontrollieren Sie die Pflanzen regelmäßig auf Schädlingsbefall und ergreifen Sie gegebenenfalls sofort geeignete Gegenmaßnahmen. Smaragdgrüne Rasenflächen bilden den idealen Hintergrund für üppige Blumenbeete. Wässern, düngen und mähen (nicht zu kurz) Sie den Rasen regelmäßig. Auch der Nutzgarten bringt jetzt eine ständig steigende Zahl von Früchten hervor, die in dieser Jahreszeit das beste Aroma besitzen. Und gegen Ende des Frühsommers reifen schon verschiedene Beerenfrüchte.

ZIERGARTEN
ALLGEMEINE ARBEITEN

Damit die Staudenbeete vom Früh- bis zum Hochsommer besonders üppig blühen, müssen jetzt entsprechende Vorkehrungen getroffen werden. So sollten Sie Ihre Pflanzen gegebenenfalls abstützen, Unkräuter sorgfältig jäten und Kletterpflanzen regelmäßig anbinden.

Stecklinge von Gartennelken

Nelken zählen zu den beliebtesten Gartenpflanzen; meist bilden sie kleine, niedrige Büschel mit attraktiven, silbergrauen Blättern und Blüten in einer Vielzahl von Rot-, Rosa- und Cremeschattierungen. Und manche Arten duften sogar wundervoll. Gartennelken eignen sich hervorragend als Bepflanzung für den vorderen Beetbereich, für Kübel und Töpfe sowie für Steingärten. Darüber hinaus lassen sie sich mithilfe von Stecklingen ganz einfach vermehren: Halten Sie den Stängel unter einem Knoten fest und ziehen Sie vorsichtig an der Stängelspitze, sodass sich dieser Stängelteil sauber vom Blattgelenk löst und als neuer Steckling dienen kann. Die Stecklinge sollten etwa 8–10 cm lang sein und können direkt in feuchte Anzuchterde gesetzt und angedrückt werden. Als Standort eignet sich ein halbschattiges Frühbeet, wo die Stecklinge den Winter über Wurzeln bilden können.

OBEN: **Gartennelken *(Dianthus)* lassen sich leicht aus Stecklingen ziehen, die in sandigem, gut durchlässigem Substrat Wurzeln bilden.**

Pflanzen abstützen

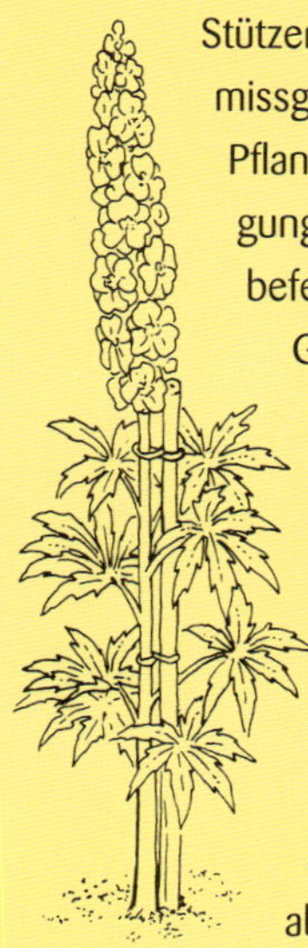

Diese Aufgabe im Garten sollte man regelmäßig erledigen, denn wenn die Triebe zu lang werden, lassen sie sich nicht mehr an den Stützen befestigen, ohne vollkommen missgestaltet zu wirken. Wuchernden Pflanzen mehrere Stäbe zur Verfügung stellen und die Triebe einzeln befestigen – vorzugsweise mit langen Gartenschnüren, um ein natürliches Erscheinungsbild zu erzielen, und möglichst weit unten, damit sie weniger auffallen. Im Handel sind zwar viele kleinwüchsige, stämmige Beetpflanzensorten erhältlich, aber selbst diese kompakten Formen profitieren davon, dass man sie sorgfältig abstützt.

Kletterpflanzen ziehen und stützen

Kletterpflanzen verleihen jedem Garten eine neue Dimension, da sie senkrechte Elemente wie Mauern und Zäune in attraktive Blickfänge verwandeln und so insgesamt die Bepflanzungsfläche vergrößern – besonders wichtig in kleinen Gärten. Doch die Pflanzen benötigen dazu entsprechende Rankhilfen.

1 Holzspaliere sind beliebte Rankhilfen an Mauern und sollten mit einem für Pflanzen unschädlichen Holzschutzmittel behandelt werden. Mehrere Holzleisten an der Mauer anbringen und das Spalier anschrauben oder mit Haken und Ringschrauben befestigen. So können Spalier und Pflanze leichter entfernt werden, falls Reparaturarbeiten an der Mauer erforderlich sind.

2 Sie können als Rankhilfe aber auch horizontale, kunststoffummantelte Drähte zwischen Ringschrauben spannen. Alle 1,8 m eine Ringschraube in die Mauer setzen und die Ringschrauben im Abstand von 40 cm übereinanderplatzieren. Den Draht durch die Ringe führen und am Ende fixieren. Die Drähte spannen, indem Sie die Ringschrauben mit einer Zange nachziehen.

3 Die Kletterpflanze regelmäßig anbinden, um das Spalier im Laufe der Zeit vollkommen zu bedecken. Triebe mit Raffiabast, Gartenzwirn oder Kunststoffanbindern befestigen. Draht oder Zwirn zu einer Acht drehen, damit die Triebe nicht zu fest angebunden und beschädigt werden.

4 Manche Kletterpflanzen wirken besonders attraktiv, wenn sie sich durch Baumkronen oder Sträucher winden; allzu wuchsfreudige Sorten vermeiden, da sie die Wirtspflanze ersticken können. Kombinieren Sie Staudenkapuzinerkresse *(Tropaeolum speciosum)* und eine dunkle Konifere.

Rabatten mulchen

Sämtliches Unkraut entfernen, den Boden sorgfältig durchfeuchten und eine dicke Schicht Mulchmaterial darübergeben, um weiteres Unkrautwachstum zu unterdrücken und die Bodenfeuchtigkeit während des Sommers zu bewahren.

ZIERGARTEN
TEILEN UND PFLANZEN

Da einige früh blühende Gartenpflanzen jetzt allmählich ihren Zenit überschreiten, wird es Zeit, ihnen durch Teilung neues Leben einzuhauchen. Außerdem können empfindliche Beetpflanzen nun im Freien das Auge des Betrachters mit ihrer Blütenfülle erfreuen.

Schwertlilien teilen und neu einpflanzen

Sumpfschwertlilien bilden im Laufe der Jahre ein wucherndes Büschel, dessen Mitte verholzen und kahl werden kann. Nach der Blüte lassen sich die Pflanzen herausnehmen und teilen, um die Blütenpracht im Folgejahr zu verbessern. Graben Sie den Rhizomballen vorsichtig aus und schneiden Sie gesunde Teilstücke am Ballenrand mit kräftigen, jungen Trieben und vielen Faserwurzeln mit einem Messer ab. Dann werfen Sie die alten, verholzten Teile wegschneiden Sie die Blätter auf etwa 25 cm lange Keile zurück und setzen Sie die Rhizome in Dreier- oder Fünfergruppen mit 15 cm Pflanzabstand wieder in den Garten. Die obere Hälfte der Rhizome sollte beim Einpflanzen aus dem Boden ragen.

OBEN: **Sobald die Blüten der Sumpfschwertlilien verwelken, können etablierte Pflanzenbüschel herausgenommen und geteilt werden.**

Narzissen herausnehmen und teilen

Narzissenzwiebeln verbleiben normalerweise von Jahr zu Jahr im Boden, doch nach einigen Jahren lässt manchmal die Blüte nach, und die Blätter kränkeln. Meist liegt das daran, dass die Pflanzen zu dicht stehen; dann sollte man sie herausnehmen und die Zwiebeln wieder einsetzen.

Die Zwiebeln vorsichtig mit einer Grabgabel herausheben, sobald das Laub abgestorben ist, und die Erde abschütteln. An vielen Zwiebeln sind sogenannte Brutzwiebeln entstanden, kleine Tochterzwiebeln rund um den Zwiebelboden. Wenn sie groß genug sind, können Sie sie leicht von der Mutterzwiebel abtrennen und im richtigen Pflanzabstand in gut umgegrabene und mit Langzeitdünger angereicherte Erde setzen.

Empfindliche Beetpflanzen ins Freie setzen

Viele beliebte Beetpflanzen sind frostempfindlich und können erst ins Freiland gesetzt werden, wenn die Frostgefahr vorüber ist. In Gartencentern findet man sie allerdings meist schon viel früher. Empfindliche Beetpflanzen müssen allmählich an die kühleren Lebensbedingungen im Garten gewöhnt werden, bevor man sie an ihren endgültigen Standort setzen kann. Lassen Sie diese Pflanzen nachts im Gewächshaus, Wintergarten oder an einem anderen frostfreien Standort und stellen Sie sie tagsüber ins Freie, bis sie endgültig ausgepflanzt werden können.

1 **Den Boden mit einer Grabgabel sorgfältig umgraben, sämtliches Unkraut entfernen und etwas Universaldünger unter die oberste Erdschicht arbeiten.**

2 **Die Pflanzen am Abend vor dem Umtopfen gießen. Den Topf umdrehen und den Topfrand vorsichtig gegen eine harte Fläche klopfen, um den Wurzelballen herauszulösen. Befinden sich zwei Pflanzen im Topf, diese behutsam trennen.**

3 **Die Pflanzen mit einem Handspaten an ihren endgültigen Standort setzen (unten). Die Wurzeln dürfen nicht zu lange der Luft ausgesetzt werden, da sie rasch austrocknen und die Pflanze sich dadurch schlechter erholt. Die gepflanzten Gewächse mit den Fingerknöcheln fest andrücken.**

4 **Sobald das Beet bepflanzt ist, sämtliche Pflanzen mit einer feinen Brause gießen (unten). Da in dieser Jahreszeit oft warmes, trockenes Wetter herrscht, müssen die Pflanzen gegebenenfalls häufiger gegossen werden – dies gilt vor allem für die Tage nach dem Einpflanzen.**

OBEN: **Kapuzinerkresse und Studentenblumen ergeben eine attraktive Farbmischung.**

ZIERGARTEN
SCHNEIDEN UND TRIMMEN

Einige Sträucher, deren Blütezeit vorüber ist, sollten nun geschnitten werden. Der Frühsommer ist aber auch die richtige Jahreszeit, um Hecken sorgfältig zu trimmen, sodass sie ihre Form bewahren.

Früh blühende Sträucher schneiden

Zu den Sträuchern, deren Blütezeit nun vorüber ist, zählen Säckelblume *(Ceanothus)*, Geißklee *(Cytisus)*, Kerrie *(Kerria)*, Deutzie *(Deutzia)*, Sommerjasmin *(Philadelphus)*, Spierstrauch *(Spiraea)*, Flieder *(Syringa)*, Schneeball *(Viburnum)* und Weigelie *(Weigela)*.

Diese Pflanzen müssen nicht jährlich geschnitten werden, doch wenn sie zu groß sind oder ungepflegt wirken, wäre jetzt der richtige Moment dazu.

Entfernen Sie zunächst mit einer Gartenschere oder -säge alles kranke und abgestorbene Holz und danach alte, schwache oder störende Zweige. Schneiden Sie die Triebe über dem Boden ab. Damit die Strauchmitte Licht und Luft erhält, kann ein Drittel aller Zweige entfernt werden.

RECHTS: **Bei frühlingsblühenden Sträuchern wie etwa Flieder sollten alte und schwache Zweige jetzt entfernt werden.**

Ausputzen

Das Entfernen verwelkter Blüten dient drei Zielen: Der Garten wirkt gepflegter, die Pflanze behält ihre Kraft, da man die Samenbildung verhindert, und die Entwicklung neuer Blüten wird angeregt. Von Pflanzen, deren Früchte, Beeren oder Samenstände man schätzt, dürfen die Blüten natürlich nicht entfernt werden. Am besten knipsen oder schneiden Sie die verwelkten Blüten mit einer Gartenschere direkt oberhalb eines Blattgelenks ab. Eine Ausnahme bilden Rhododendren und Azaleen: Sie bringen die neuen Knospen direkt hinter den alten Blüten hervor, sodass man verwelkte Blüten von Hand entfernen muss.

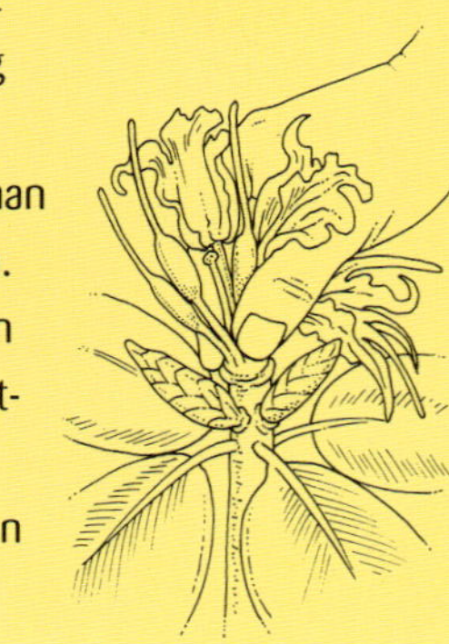

Hecken schneiden

Das Schneiden der Hecke zählt nicht zu den beliebtesten Tätigkeiten im Garten, bei sorgfältiger Planung und Durchführung lassen sich jedoch sehr schöne Ergebnisse erzielen. Viele Hecken müssen nur zweimal jährlich geschnitten werden – jetzt und im Spätsommer.

1 Eine Plane oder Kunststofffolie unter die Hecke legen, um die Schnittabfälle aufzufangen. Grenzt die Hecke an ein Blumenbeet, empfiehlt es sich, entlang der Basis der Hecke eine Plattenreihe zu verlegen. So hat man einen besseren Stand als auf der Beeterde, und Schnittabfälle lassen sich leichter entfernen.

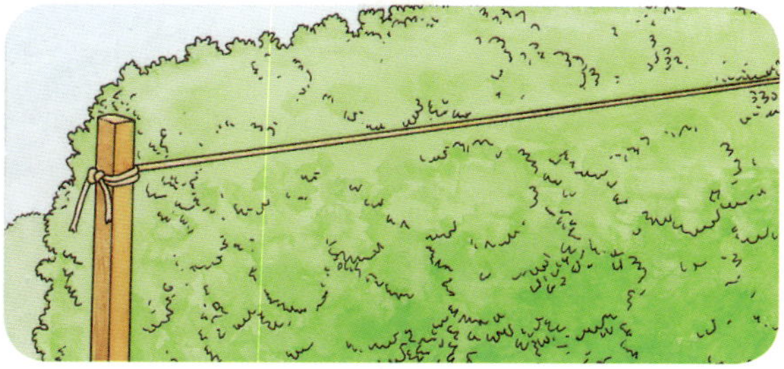

2 Für einen formalen Schnitt ein Stück Schnur waagerecht über der Heckenspitze spannen, damit die Hecke auch wirklich gerade gestutzt wird. Die Hecke kann oben flach geschnitten werden, aber in Regionen mit starkem Schneefall sollte sie oben spitz zulaufen, damit der Schnee nicht darauf liegen bleibt.

3 Kleine Hecken lassen sich gut von Hand mit einer Heckenschere trimmen, doch elektrische Heckenscheren sind wesentlich schneller und effizienter. Die Heckenschere sollte einen Schutzschalter haben und das Stromkabel während des Scherens nicht in die Nähe des Heckenscherenblattes geraten.

4 Die Hecke von unten nach oben schneiden. Die Seiten sollten sich zur Spitze hin etwas verjüngen, sodass eine Keilform entsteht. Beim Stutzen hoher Hecken eine stabile Trittleiter verwenden, die Sie parallel zur Hecke ausrichten; die Leiter nicht gegen die Hecke lehnen, da dies den Schnitt ruiniert.

LINKS: **Bei Rosen erkennt man Wurzelschösslinge an der großen Zahl von Blättern. Entfernen Sie den Wildling ganz unten am Wurzelstock.**

RASEN UND WASSERGARTEN
ALLGEMEINE ARBEITEN

Ein gepflegter Rasen bringt den ganzen Garten besser zur Geltung: Deshalb ist es jetzt, derweil die anderen Pflanzen im Garten ihren Zenit erreichen, besonders wichtig, ihn möglichst üppig und saftig grün zu halten.

Rasenflächen wässern

Zwar stirbt das Gras nur selten durch Dürreperioden, aber ein fleckiger, brauner Rasen wirkt unansehnlich und wird häufig von Unkräutern überwuchert. Mit etwas Pflege erhalten Sie einen grünen Rasen, ohne unnötig Wasser zu verschwenden.

OBEN: **Wird der Rasen nicht gründlich gewässert, wird nur das Wurzelwachstum in den oberen, leicht austrocknenden Erdschichten gefördert.**

Erhöhen Sie die Widerstandskraft des Rasens gegenüber Dürreperioden, indem Sie ihn im Herbst mit einer Mischung aus Sand und Lehm oder Torf versehen und niemals zu kurz schneiden. Stellen Sie die Klingen des Rasenmähers bei trockenem Wetter auf eine längere Schnitthöhe ein. Richtet sich das Gras nach dem Betreten nicht mehr auf oder hat eine matte Farbe, ist es Zeit, den Rasen zu sprengen – vorzugsweise am Abend mit einer effizienten Sprinkleranlage (mind. 12 mm).

Maulwurfshügel beseitigen

Maulwürfe zählen zu den frustrierendsten Gartenschädlingen. Auf Rasenflächen richten sie große Schäden an. Mittel wie der Maulwurfschreck nützen nur selten, und mit einer Falle lässt sich nur ein Tier fangen, dessen Revier daraufhin von anderen übernommen wird. Am besten üben Sie sich in Geduld, bis der Maulwurf sein Tunnelsystem errichtet hat, da er danach normalerweise keine weiteren Hügel aufwirft. Die Erdhügel gleichmäßig über den Rasen verteilen, sobald sie auftauchen.

Bei Ameisenhügeln auf die gleiche Weise vorgehen. Wenn man sie mit dem Rasenmäher überrollt, sterben die umliegenden Graspflanzen ab und die Fläche wird von Unkräutern besiedelt. Im äußersten Fall Ameisenkolonien mit einem Insektizid behandeln.

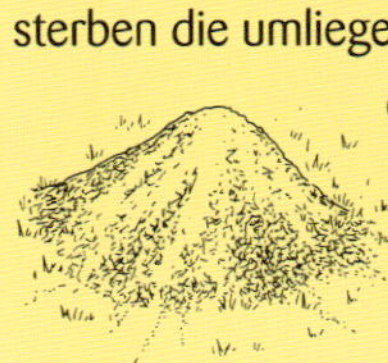

Wasserspiele im Garten

Fließendes Wasser ist eine Bereicherung für jeden Garten. Ein Mühlsteinbrunnen benötigt nur wenig Platz und stellt keine Gefahr für kleine Kinder dar, bietet aber das typische Plätschern und Funkeln, das wir am Element Wasser so schätzen. Allerdings sollten Sie die Installation der Wasserpumpe einem Fachmann überlassen.

1 Eine Grube für das Wasserreservoir ausheben, die mindestens 40 cm tiefer und im Durchmesser 60 cm breiter als der Mühlstein sein muss, die Grube mit einem flachen Rand versehen und mit Teichfolie aus Butyl-Kautschuk auslegen (alternativ eine Glasfaserform oder ein Plastikbecken verwenden).

2 Eine Unterwasserpumpe auf dem Grund des Reservoirs platzieren. In der Mitte zwei oder drei Säulen aus Ziegelsteinen oder Betonblöcken errichten, die das Gewicht des Mühlsteins tragen, und ein rostfreies Metallgitter so darauflegen, dass es auf den Säulen und dem flachen Grubenrand ruht.

3 Einen flexiblen Schlauch von der Pumpe durch die Mühlsteinmitte führen und ein festes Rohrstück daraufstecken, das unterhalb der Steinoberfläche endet, um einen sprudelnden Effekt zu erzielen. Das noch sichtbare Metallgitter mit Kieselsteinen bedecken.

OBEN: Wasser spielt in japanischen Gärten eine wichtige Rolle. Dieser Bambusbrunnen verleiht jedem Garten ein fernöstliches Flair.

4 Das Reservoir mit Wasser füllen, die Pumpe einschalten und den Wasserdurchfluss regulieren. Das Wasser wird aus der Mitte des Mühlsteins quellen und über die Steine ins Reservoir zurückfließen; es sollte aber regelmäßig aufgefüllt werden. Wenn Sie die Pumpe in regelmäßigen Abständen ausschalten, sodass der Mühlstein vollkommen trocknen kann, hemmen Sie die Algenbildung.

FRÜHSOMMER

NUTZGARTEN
ALLGEMEINE ARBEITEN

Zahllose Schädlinge und Krankheiten können das Erscheinungsbild von selbst gezogenem Gemüse und Obst vollkommen ruinieren, aber wer sofort handelt, kann es wirksam schützen. Zu chemischen Bekämpfungsmitteln gibt es in den meisten Fällen umweltfreundliche Alternativen.

Früchte vor Schädlingen und Krankheiten schützen

Der Apfelwickler zählt wahrscheinlich zu den hartnäckigsten Schädlingen in dieser Jahreszeit. Die Falter fliegen bei Nacht und legen ihre Eier auf heranreifende Früchte und Blätter. Wenn die Raupen schlüpfen, fressen sie sich durch die Früchte. Eine gewisse Abhilfe schaffen Pheromonfallen (siehe S. 48), doch wenn Sie lieber zu einem chemischen Mittel greifen möchten, können Sie jetzt und erneut zu Beginn des Hochsommers ein Insektizid mit dem Wirkstoff Permethrin einsetzen.

Die ersten Anzeichen von Mehltaubefall bei Stachelbeeren ist ein weißgrauer Pilzbelag auf den Triebspitzen und unreifen Früchten, der sich rasch braun verfärbt. Im Handel sind diverse Fungizide zur Bekämpfung dieser Krankheit erhältlich.

UNTEN: **Der dichte braune Belag auf Stachelbeeren mit Mehltaubefall kann vor dem Verzehr abgerieben werden, aber das ist mühsam.**

Raupen auf Kohlgemüse

Die meisten Gärtner mögen Schmetterlinge in ihrem Garten, aber nur die wenigsten würden den Kohlweißling begrüßen. Diese Schmetterlingsart legt auf alle Kohlarten ihre Eier, aus denen dann gefräßige Raupen schlüpfen, die eine ganze Pflanze innerhalb weniger Tage kahl fressen. Statt die Raupen von Hand abzusammeln, empfiehlt sich eine biologische Schädlingsbekämpfung, die Sporen und Giftstoffe eines natürlichen Bakteriums (*Bacillus thuringiensis*) kombiniert. Die damit infizierten Raupen sterben zwar erst nach ein paar Tagen, aber sie hören sofort auf zu fressen.

Kartoffeln mit Erde bedecken

Zum Schutz vor späten Nachtfrösten können die jungen Triebe der Kartoffelpflanzen mit Erde bedeckt werden. Wenn man weiterhin Erde über die wachsenden Pflanzen häuft, lassen sich außerdem bittere, grüne Stellen an den Knollen verhindern.

1 In kühlen Regionen kann es auch im Frühsommer noch Nachtfröste geben. Wenn Frost angekündigt ist, die jungen, soeben durch die Erde brechenden Kartoffeltriebe vollständig mit Erde, Zeitungspapier bzw. Folientunneln abdecken (mit Erde oder Steinen fixieren), diese Abdeckung jedoch am nächsten Tag entfernen.

2 Sobald die Triebspitzen sich weiterentwickeln, Erde seitlich gegen die Triebe häufeln, sodass ein „Hügelrücken" entsteht (rechts). Dieser verhindert, dass Kartoffeln an der Erdoberfläche grün und ungenießbar werden. Die grünen Stellen der Knollen enthalten das giftige Solanin, das schwere Magenverstimmungen verursacht.

3 Das Anhäufeln kann man auch durch die Pflanzung unter schwarzer Plastikfolie ersetzen: Die Saatkartoffeln in vorbereitete Erde setzen, mit schwarzer Folie bedecken und diese kreuzweise einschneiden, sobald sich die Triebe entwickeln, damit sie hindurchwachsen können.

4 Frühkartoffeln sind erntereif, wenn die Pflanze Blüten hervorbringt. Etwas Erde beiseitekratzen, um die Knollen freizulegen. Sie sollten mindestens die Größe eines Eis haben. Frühkartoffeln liefern meist nur geringe Erträge, schmecken dafür aber besonders gut.

Erbsen ernten

Früh gesäte Erbsenpflanzen sind jetzt erntebereit und sollten gepflückt werden, sobald die Hülsen schwellen und die Erbsenform durch die Hülsen erkennbar ist. Nicht zu lange hängen lassen, da große Erbsen zäh und mehlig schmecken.

FRÜHSOMMER

NUTZGARTEN
PFLANZEN UND SÄEN

Die Saatzeit für Gemüse ist noch nicht vorüber. Im Gegenteil: Es gibt eine ganze Reihe von Sorten, die – jetzt ausgesät – die Erntezeit bis in den Spätsommer verlängern. Bei vorausschauender Planung haben Sie sogar auch im Winter noch lange frisches Gemüse.

Späte Aussaat für späte Ernte

In den nächsten Wochen kann man noch Gemüse säen, das dann im Spätsommer oder Frühherbst erntereif ist, wie etwa Radieschen, Möhren, Rote Bete, Feldsalat, Kopfsalat, Kohlrabi, Rauke, Radicchio, Weiße Rüben, Kohlrüben und Spinat. Da sich manche Sorten für die Spätaussaat besser eignen als andere – weil sie schossresistent sind oder unempfindlich gegenüber Krankheiten wie Mehltau –, sollte man die Sorten sorgfältig auswählen.

Im Sommer gesäter Salat gedeiht häufig nicht richtig, da hohe Temperaturen die Keimung beeinträchtigen. Deshalb sollte man an heißen Tagen besonders vorsichtig sein und die Reihen unmittelbar vor der Aussaat gießen, um die Bodentemperatur zu senken, oder vorzugsweise am kühlen Abend säen.

Wintergemüse pflanzen

Wintergemüse wie Rosenkohl, Weißkohl, Grünkohl und Lauch kann jetzt gepflanzt werden. Sämtliche Gewächse der *Brassica*-Familie (heimische Kohlarten) müssen sehr fest gepflanzt werden, da sie sonst keine festen Köpfe bilden. Die Erde (außer bei sehr schweren Böden) rund um die neu gesetzten Pflanzen fest antreten, gießen und erneut antreten. Wenn Sie nun vorsichtig an einem Blatt zupfen, sollte eher das Blatt reißen, als dass sich die Wurzeln der Pflanze im Erdreich bewegen.

UNTEN: **Rasch reifende Radieschen können den ganzen Sommer über in regelmäßigen Abständen gesät werden.**

Paprika ins Freiland pflanzen

Sobald die Frostgefahr vorüber ist, können empfindliche Gemüsesorten wie Paprika und Tomaten an ihren endgültigen Standort im Garten gesetzt werden. Aber achten Sie darauf, dass die Jungpflanzen ausreichend abgehärtet sind.

1 Am besten eignen sich kräftige Jungpflanzen, deren Wurzelballen einen Topf von 8 cm Ø vollkommen ausfüllen. Nur wuchsfreudige, gesunde Pflanzen mit dunkelgrünen Blättern nehmen, deren weiße Wurzelspitzen durch die Drainagelöcher im Topfboden zu sehen sind.

2 Die Pflanze mit einer Hand am Grund des Triebs fassen, den Topf umdrehen und den Topfrand kräftig gegen eine harte Fläche klopfen, um den Wurzelballen herauszulösen. Den Topf vorsichtig vom Wurzelballen ziehen (rechts).

3 Mit einem Handspaten ein Pflanzloch im Gemüsegarten ausheben, die Pflanze hineinsetzen (rechts), die Oberfläche des Wurzelballens mit Erde bedecken, mit den Fingerknöcheln andrücken und sorgfältig gießen.

4 Falls das Wetter nach dem Pflanzen umschlägt, können Sie die Jungpflanzen mit einer Haube vor Wind und Kälte schützen. Bei größeren Pflanzen stellt man zwei Hauben daneben, sodass sie noch immer etwas Schutz bieten.

5 Paprika und andere empfindliche Gemüsepflanzen gedeihen auch gut in Pflanzsäcken auf der Terrasse – ein meist geschützter, warmer Standort. Die besten Ergebnisse erzielen Sie mit zwei Pflanzen pro Kultursack. Die Folie kreuzweise einschneiden und nach innen umschlagen. Pflanzen in Kultursäcken müssen regelmäßig gegossen und mit Flüssigdünger versorgt werden.

LINKS: **Grüne Paprika sind unreif geerntete Schoten, die sich je nach Sorte zu roten, gelben oder orangefarbenen Paprika weiterentwickelt hätten.**

FRÜHSOMMER

HOCHSOMMER

Zu diesem Zeitpunkt zeigen sich sowohl die Einjährigen – pflegeleichte, farbenfrohe Gartenpflanzen – als auch prächtige Beetpflanzen, üppig grüne Bäume und blühende Sträucher im Garten von ihrer schönsten Seite.

Rasengräser leiden als erste unter anhaltend warmem Wetter. Mähen Sie weiterhin regelmäßig, aber stellen Sie die Klingen des Rasenmähers auf eine längere Schnitthöhe. Sehr kurze Schnittabfälle können bei trockenem Wetter liegen bleiben, damit das Gras die Feuchtigkeit besser hält.

Steingartengewächse und einige früh blühende Stauden sollten nach dem Ende der Blütezeit kräftig zurückgeschnitten werden, damit sie gepflegter wirken. Schneiden Sie auch laubabwerfende Blütensträucher nach der Blüte auf die gewünschte Größe zurück. Der Hochsommer ist darüber hinaus der richtige Zeitpunkt, um viele Sträucher mithilfe halbreifer Stecklinge zu vermehren.

Im Nutzgarten gibt es jetzt ständig erntereifes Obst und Gemüse, und wenn Sie weiterhin aussäen, können Sie die Erntezeit erheblich verlängern. Fruchtgemüse wie Bohnen und Kürbisse müssen während der Blütezeit reichlich und häufig gegossen werden, damit sie viele Früchte hervorbringen. Wahrscheinlich zählt das Wässern des gesamten Gartens zu den arbeitsintensivsten Arbeiten im Hochsommer. So leiden vor allem Kübelpflanzen an heißen, wolkenlosen Sommertagen innerhalb weniger Stunden unter Wassermangel.

OBEN: **Hyazinthen *(Hyacinthus)* zählen zu den duftintensivsten Frühlingsblühern und erfreuen sich als Zimmerpflanzen großer Beliebtheit.** LINKE SEITE: **Lavendel *(Lavandula)* bringt nicht nur Farbe in den Garten, sondern sorgt in dieser Jahreszeit auch für einen betörenden Duft.**

Bei warmem Wetter kommt es häufig zu Pilzbefall; daher sollte man anfällige Pflanzen vorbeugend mit einem Fungizid behandeln. Ein vorbeugendes Besprühen mit einem Insektizid ist jedoch nicht sinnvoll.

HOCHSOMMER
ALLGEMEINE ARBEITEN

Während trockener Wetterperioden ist regelmäßiges Gießen zwar unerlässlich – doch falsch ausgeführt bringen die Wassermengen mehr Schaden als Nutzen. Die meisten Gärtner verbringen jetzt viel Zeit im Garten, und ein Beleuchtungssystem verschönert die Abendstunden.

Beetpflanzen sorgfältig gießen

Beim Gießen sollten Sie unbedingt darauf achten, dass die Erde oder das Pflanzsubstrat bis zum Hauptwurzelbereich gut durchgefeuchtet wird. Geringe Wassermengen durchdringen häufig nur die oberste Bodenschicht, wodurch vorrangig in diesem Bereich neue Wurzeln gebildet werden. Dadurch leidet die Pflanze während zukünftiger Dürreperioden schneller unter Wassermangel. Daher gilt die Devise: Entweder gründlich gießen oder gar nicht!

Das Wässern kann auf unterschiedliche Weise erfolgen: mit Gießkanne, Gartenschlauch, Sprinkleranlage oder einem Sickerschlauch. Letzterer ist sehr effizient, da kaum Feuchtigkeit durch Verdunstung verloren geht. Der Schlauch wird zwischen den Pflanzen verlegt und an die Wasserleitung angeschlossen.

UNTEN: **Mit einem Sickerschlauch lassen sich Pflanzen sehr effizient und mühelos wässern; es geht kaum Feuchtigkeit durch Verdunstung verloren.**

Beetpflanzen stützen

Zu dieser Jahreszeit sind heftige Gewitter keine Seltenheit, und Regengüsse oder Hagelschauer können Ihre Pflanzen innerhalb weniger Minuten zerstören. Nur sorgfältig gestützte und angebundene Pflanzen sind in der Lage, derartige Wetterkapriolen unbeschadet zu überstehen. Das feuchte Wetter verursacht aber noch andere Schäden, vor allem bei Rosen: Insbesondere bei alten Sorten mit gefüllten Blüten öffnen sich die Knospen dann nicht mehr vollständig und verfaulen. Leider lässt sich dagegen nicht viel unternehmen. Sie können lediglich diese sogenannten runden Köpfe entfernen, damit die Pflanze zur Bildung einer zweiten Blüte angeregt wird.

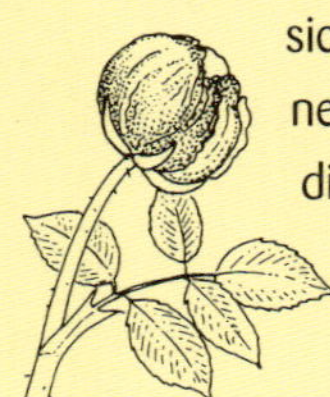

Vorbereitungen für die Urlaubszeit

Die Sommerferienzeit liegt für den Garten sehr ungünstig, denn gerade jetzt sind alle Pflanzen üppig und grün und benötigen regelmäßige Pflege. Wer dennoch verreisen will, sollte etwas Zeit für die Vorbereitung des Gartens erübrigen, damit dieser nach der Rückkehr nicht einem wilden Dschungel gleicht.

1 Alle bepflanzten Kübel und Töpfe, inklusive Blumenampeln, an einem geschützten, halbschattigen Standort sammeln, etwas Wasser speicherndes Granulat unter die Erde geben und die Pflanzen ausgiebig gießen, bevor Sie verreisen. Bei längeren Reisen bitten Sie am besten einen Nachbarn, die Blumen alle paar Tage zu gießen.

2 Den Rasen unmittelbar vor der Abreise mähen, aber nicht kürzer als sonst, da das Gras sonst anfälliger für Trockenschäden wird. Falls der Rasen bei Ihrer Rückkehr viel zu lang ist, über mehrere Tage stufenweise auf die gewünschte Schnitthöhe zurückschneiden.

3 Blumen- und Gemüsebeete sorgfältig mit einer Hacke bearbeiten, um sämtliche Unkräuter zu entfernen, und den Boden mulchen, damit die Erde feucht bleibt und das Unkrautwachstum unterdrückt wird.

4 Im Nutzgarten alles reife Fruchtgemüse pflücken. Da an den Pflanzen verbleibende Exemplare die zukünftige Fruchtproduktion reduzieren, einen Freund oder Nachbarn bitten, die Ernte während Ihrer Abwesenheit fortzusetzen. Die meisten Menschen kommen dieser Bitte nur allzu gerne nach – im Tausch gegen eine Portion frisches, selbst gezogenes Gemüse!

Den Garten ausleuchten

Mithilfe gut platzierter Beleuchtungskörper lässt sich der Garten auch abends eindrucksvoll in Szene setzen. Mit Strahlern können Sie bestimmte Pflanzen oder Skulpturen punktgenau ausleuchten oder interessante Schattenspiele erzeugen. Eine Unterwasserbeleuchtung verleiht einem Teich ein geheimnisvolles Flair. Auf einer beleuchteten Terrasse kann man auch nach Anbruch der Dunkelheit noch gemütlich sitzen, und mit gezielter Ausleuchtung werden potenziell gefährliche Bereiche wie Wege und Stufen sicherer. Im Handel sind fertige Gartenbeleuchtungssets erhältlich, die sich leicht installieren lassen.

ZIERGARTEN
ALLGEMEINE ARBEITEN

Dahlien zählen zu den wichtigsten Blumen im Spätsommer und Herbst und benötigen jetzt besondere Aufmerksamkeit. Madonnenlilien *(Lilium candidum)* bilden ebenfalls einen sommerlichen Blickfang; die Brutzwiebeln müssten jetzt bald im Handel erhältlich sein.

Gartenbeleuchtung installieren

Niedervolt-Gartenbeleuchtungssysteme sind nicht nur sicher, sondern auch leicht zu installieren. Der Fachhandel hält verschiedene anschlussfertige Komplettsets inklusive Leuchtmittel, Kabel und Transformator bereit.

Zeichnen Sie zuerst eine Skizze Ihres Beleuchtungsplans, um die benötigte Leuchten- und Kabelmenge abzuschätzen. Bei der Platzierung des Transformators sollten Sie sich an die Herstellerangaben halten.

Legen Sie die Leuchten an ihren Standort und verlegen Sie ein Kabel dazwischen. Geben Sie etwas Länge zu. Befestigen Sie die Kabel, setzen Sie die Leuchten vollständig zusammen und stecken Sie sie tief in den Erdboden. Sobald alle Leuchten angeschlossen sind, schalten Sie das System probeweise ein. Wenn alles ordnungsgemäß funktioniert, werden die Kabel unter der Erde verlegt. Achten Sie auch darauf, dass sie bei späteren Grabungsarbeiten nicht beschädigt werden können.

OBEN: **Niedervolt-Gartenbeleuchtungssets enthalten alles, was Sie benötigen, um Ihren Garten stimmungsvoll ins Licht zu setzen.**

Dahlien stützen und abknospen

Dahlien bringen den Garten im Spätsommer und Herbst zum Leuchten. Für besonders große Blüten alle Knospen bis auf die Endknospe entfernen. Diesen Vorgang regelmäßig wiederholen. Die blütentragenden Stängel sollten mit einem kräftigen Stab gestützt und in regelmäßigen Abständen angebunden werden. Manchmal entwickeln sich Ohrwürmer zu einer Plage, wenn sie die Blütenblätter anfressen und verunstalten; sie lassen sich aber mit kleinen, strohgefüllten Tontöpfen fangen, die kopfüber auf die Stützstäbe der Pflanzen gesteckt werden. Die Töpfe jeden Morgen überprüfen, eventuell darin versteckte Ohrwürmer herausschütteln und vernichten.

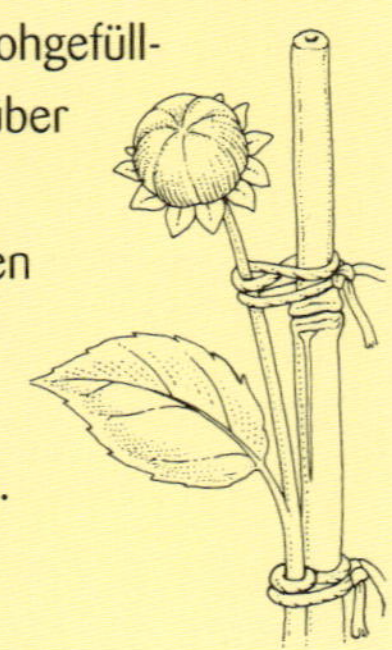

Halbreife Stecklinge schneiden

Viele Sträucher kann man durch halbreife Stecklinge vermehren, die weniger empfindlich sind als unverholzte. Obwohl die meisten Stecklinge bis zum Herbst schon kräftige Wurzeln bilden, werden sie in ihren Töpfen an einem geschützten Standort überwintern.

1 Ein paar gesunde Triebe vom diesjährigen Holz wählen, die noch biegsam sind und an der Basis gerade erst zu verholzen beginnen. Mit einer Gartenschere abschneiden oder vom Haupttrieb abziehen, sodass noch etwas Rinde daran hängt (Rissling).

2 Das unterste Blattpaar entfernen und die Stecklinge mit einem Messer knapp unter einem Knoten auf 10–15 cm Länge kürzen.

3 Die Stecklingsbasis in Bewurzelungspulver tauchen. Ein- oder zweimal abklopfen, um überschüssiges Pulver zu entfernen.

4 Die Stecklinge in vorbereitete Töpfe mit Anzuchterde und einer Deckschicht aus grobem Sand stecken (links) und die Töpfe vorzugsweise in ein Gewächshaus oder an einen geschützen Standort im Freien stellen. In den ersten Tagen am besten in den Halbschatten stellen.

Herbstblüher pflanzen

Herbstblühende Zwiebelgewächse wie etwa Amaryllis *(Hippeastrum)* und Herbstzeitlose *(Colchicum)* können jetzt gepflanzt werden, vorzugsweise an einen geschützten, sonnigen Standort. Madonnenlilien *(Lilium candidum)* blühen zwar im Sommer, sollten aber ebenfalls bald gepflanzt werden, damit sie im nächsten Jahr wieder große, reinweiße, trompetenförmige und betörend duftende Blüten hervorbringen. Im Gegensatz zu den meisten anderen Lilien erfordern Madonnenlilien eine sehr niedrige Pflanzhöhe: Setzen Sie die Zwiebeln so in die Erde, dass die Spitze knapp 5 cm hoch mit Substrat bedeckt ist.

ZIERGARTEN
SCHNEIDEN UND AUSPUTZEN

Im Augenblick geben sich die Pflanzen große Mühe, eine üppige Blütenfülle hervorzubringen, wobei sie sich häufig schnell verausgaben. Doch mit etwas Pflege lässt sich die Blütezeit verlängern, sodass Sie Ihren Garten in seiner vollen Pracht noch lange genießen können.

Pflege von Kübelpflanzen

Üppig bepflanzte Töpfe, Balkonkästen und Blumenampeln bilden im Sommer einen wichtigen Bestandteil vieler Gärten und beleben auch dunklere Ecken mit ihrer Farbenpracht.

Da die Pflanzen in den Behältern meist dicht gedrängt stehen und nur wenig Erde zur Verfügung haben, sollten Sie sie regelmäßig gießen und düngen sowie verwelkte Blüten entfernen; dies verlängert die Blütezeit Ihrer Pflanzen.

Die benötigte Wassermenge richtet sich nach dem verwendeten Pflanzsubstrat und nach dem jeweiligen Standort. Doch bei heißem Sommerwetter müssen alle Kübel und vor allem kleine Töpfe mindestens zweimal täglich gegossen werden. Geben Sie bei jedem Gießen etwas Flüssigdünger ins Wasser oder arbeiten Sie etwas Langzeitdünger unter die Erde. Auch das regelmäßige Entfernen verwelkter Blüten regt die Bildung weiterer Blüten an.

UNTEN: **Einige Beetpflanzen, die im Spätfrühling oder Frühsommer blühen, lassen sich durch einen Rückschnitt zur einer zweiten Blüte anregen.**

Steingartenpflanzen nach der Blüte zurückschneiden

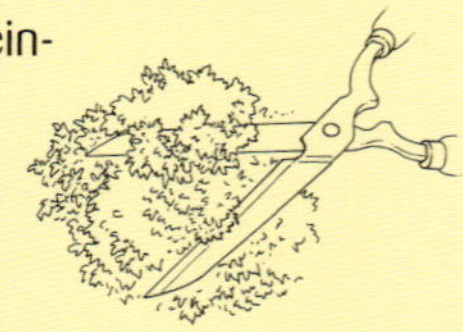

Viele Steingartenpflanzen wirken jetzt, da ihre Blüten verwelkt sind, eher verwahrlost. Die Triebe von Blaukissen *(Aubrieta)*, Steinkraut *(Alyssum)*, Schleifenblume *(Iberis)* und Hornkraut *(Cerastium)* mit einer Gartenschere etwa auf die Hälfte der ursprünglichen Länge zurückschneiden. Dadurch wird die Bildung neuer Triebe (und schönerer Blüten im nächsten Frühjahr) angeregt, außerdem wirken die Pflanzen klein und kompakt. Manchmal bringen die Gewächse dann auch noch eine zweite Blüte hervor, die den Steingarten erneut aufleben lässt.

Glyzinen zurückschneiden

Die Blütezeit der herrlich duftenden Glyzine *(Wisteria)* ist zwar vorüber, aber durch einen Rückschnitt blüht sie auch im nächsten Jahr wieder üppig. Da sich die Glyzine manchmal als sehr anspruchsvolle Kletterpflanze erweist, die nur zögerlich blüht, sollten Sie sie jetzt und im Winter erneut sorgfältig zurückschneiden, um ihre Blütenbildung zu verbessern.

1 Glyzinen blühen recht früh, wenn die Blätter sich gerade erst öffnen. Doch bis zum Hochsommer entwickeln sich die hübschen Fiederblätter prächtig und geraten manchmal regelrecht außer Kontrolle (oben).

2 In den nächsten Wochen nahezu alle langen Triebe regelmäßig auf 15–25 cm Länge bis zum Haupttrieb zurückschneiden (oben). Nur Triebe, die Lücken in der Grundstruktur füllen, werden nur leicht oder gar nicht gestutzt.

3 Kletterpflanzen wie die Glyzine blühen besser, wenn der Pflanzensaft nicht senkrecht aufsteigt, sondern langsam in waagerecht erzogene Seitentriebe fließt. Die Glyzinentriebe behutsam fast waagerecht an ihrem Spalier befestigen.

4 Der Sommerschnitt allein reicht jedoch nicht aus: Die gerade zurückgeschnittenen Triebe müssen im Winter erneut gestutzt werden, und zwar auf zwei bis drei Augen. Dies fördert die Bildung von Blütensprossen.

5 Anschließend die Erde rund um die Wurzeln sorgfältig anfeuchten und den Bereich um den Stamm mulchen (rechts). Glyzinen bevorzugen eine nicht zu nährstoffreiche, lehmhaltige Erde. Zu trockene Böden führen dazu, dass die Knospen noch vor dem Öffnen abfallen.

LINKS: **In wenigen Wochen freuen Sie sich über eine zweite Blüteperiode bei einigen Pflanzen wie diesem Storchschnabel *(Geranium).***

NUTZGARTEN
ALLGEMEINE ARBEITEN

Die Braunfäule zählt zu den wenigen Pflanzenkrankheiten, die tatsächlich katastrophale Folgen für die Ernte haben. Sobald Sie die ersten Anzeichen bei Ihren Kartoffeln beobachten, sollten Sie umgehend handeln. Außerdem können Erdbeeren jetzt mithilfe von Ausläufern vermehrt werden.

Braunfäule

Diese Krankheit, die auch als Kraut- und Knollenfäule bezeichnet wird, taucht bevorzugt in feuchten Sommern auf und verbreitet sich mit einer unglaublichen Geschwindigkeit. Die ersten Symptome zeigen sich als braune Flecken auf den Blättern und manchmal als weißes Pilzmyzel auf den Blattunterseiten und befallen innerhalb weniger Tage den gesamten oberirdischen Teil einer Pflanze, sodass sie welkt und abstirbt.

Durch Regen werden die Pilzsporen von den Blättern auch in die Erde transportiert und befallen als Nächstes die Knollen, was sich durch dunkelbraune Verfaulungsflecken zeigt. Daher sollte man – falls die Knollen bereits groß genug sind – bei den ersten Anzeichen sofort sämtliches Kartoffelkraut abschneiden, verbrennen und jegliche Blattreste von der Erdoberfläche entfernen.

UNTEN: **Achten Sie auf die ersten Anzeichen von Braunfäule an Kartoffelblättern. Durch sofortige Maßnahmen lässt sich die Ernte oft noch retten.**

Erdbeerbeete

Wenn die Erntezeit der Erdbeeren vorüber ist, sollte man die Pflanzen einer radikalen Behandlung unterziehen. Früher hat man das Stroh rund um die Pflanzen angezündet, wodurch nicht nur die Blätter, sondern auch alle anhaftenden Schädlinge und Krankheitserreger vernichtet wurden. Da ein solcher Brand aber außer Kontrolle geraten kann, greift man heute zu anderen Methoden: Die Blätter der Erdbeerpflanzen abschneiden, ohne jedoch die jungen Triebe in der Mitte zu beschädigen. Das abgetrennte Blattwerk zusammen mit dem Stroh aufsammeln und entsorgen.

Erdbeeren durch Ausläufer vermehren

Kräftige, gesunde Erdbeerpflanzen bilden von Natur aus eine Fülle leicht zu bewurzelnder Ausläufer, mit deren Hilfe man entweder die Anbaufläche vergrößern oder alte, ertragsarme Pflanzen ersetzen kann.

1 Die langen, kriechenden Ausläufer erstrecken sich von der Mutterpflanze aus in alle Richtungen und besitzen meist zwei oder drei Jungpflanzen. Nicht für die Vermehrung verwendete Ausläufer werden normalerweise regelmäßig entfernt, um ein zu wucherndes Wachstum zu verhindern.

2 Vier oder fünf besonders kräftige Ausläufer für die Vermehrung auswählen und den Rest entfernen. Die Ausläufer gleichmäßig um die Mutterpflanze herum verteilen.

3 Die der Mutterpflanze am nächsten gelegene Jungpflanze ist meist die kräftigste; daher die nachfolgenden Jungpflanzen entfernen. Die ausgewählten Ausläufer beschwert man mit einem Stein oder sichert sie mit einer Drahtschlaufe im Boden, damit sie nicht fortgeweht werden und in Ruhe bewurzeln können.

4 Die Jungpflanzen können aber auch in Töpfen mit hochwertiger Garten- oder Anzuchterde Wurzeln schlagen: Auf diese Weise sind sie später leichter umzusetzen, da die Wurzeln nicht beschädigt werden.

5 Die Ton- oder Kunststofftöpfe halb in die Erde eingraben (in der Nähe der Mutterpflanze) und den jeweiligen Ausläufer im Pflanzsubstrat sichern (siehe rechts). Die Erde in den Töpfen darf nicht austrocknen.

Gartentomaten erziehen

Wählen Sie vorzugsweise Tomatensorten, die für die Freilandzucht empfohlen werden, und sie entweder als Spaliertomaten (wie Gewächshaustomaten) oder als Buschformen ziehen. Bei Letzteren muss man – im Gegensatz zu den Spalierpflanzen – weder regelmäßig ausgeizen noch den Haupttrieb an der Stütze befestigen. Einige Buschtomaten werden speziell für die Zucht in Kübeln oder sogar Blumenampeln angeboten, sodass die Triebe dann über den Rand herabhängen. Sie müssen zwar nicht erzogen, aber wie alle Kübelpflanzen regelmäßig gegossen und gedüngt werden.

Zwischen dem Hoch- und Spätsommer sollten Sie die Triebspitzen ausgeizen, damit die Energie sich in den Früchten konzentriert.

Buschtomaten bilden eine wuchernde Hügelform, müssen weder gestützt noch gekappt werden.

NUTZGARTEN
PFLANZEN UND ERNTEN

Das Aroma frischer Kräuter ist natürlich unschlagbar, aber die Pflanzen können für eine spätere Verwendung auch konserviert werden. Der richtige Zeitpunkt zum Pflücken liegt im Hochsommer, wenn die Kräuter auf dem Höhepunkt ihrer Entwicklung stehen.

Kräuter ernten

Kräuter pflückt man besten in den frühen Morgenstunden eines trockenen Sommertages, sobald der Tau getrocknet ist. Wählen Sie nur junge Triebe aus und waschen Sie sie nur, wenn es sich wirklich nicht vermeiden lässt. Die älteste Konservierungsmethode besteht darin, Kräuter in kleinen, lockeren Bündeln zusammenzubinden – zu große Bündel verschimmeln in der Mitte – und zum Trocknen an einem warmen, trockenen Ort aufzuhängen. Die Luft in der Küche ist für diesen Zweck meist zu feucht; besser eignen sich selten benutzte Schlafzimmer oder ein Gartenschuppen. Sobald die Stängel und Blätter vollständig getrocknet sind, können die Kräuter zerdrückt und in luftdicht verschließbaren Gefäßen aufbewahrt werden.

Sie können die Kräuter aber auch über Nacht auf einem Rost im Backofen bei sehr niedriger Temperatur trocknen.

LINKS: **Zum Konservieren sollten Sie frische, junge Kräutertriebe auswählen. Pflücken Sie morgens, wenn der Tau auf den Blättern getrocknet ist.**

Kräuter einfrieren

Tiefgefrorene Kräuter schmecken frischer als getrocknete. Außerdem eignet sich diese Konservierungsmethode besonders für Kräuter, die nicht einfach zu trocknen sind.

Die sauberen Blätter sortenweise oder gemischt im Mixer mit etwas Wasser fein zerhacken. Die Kräuter-Wasser-Mischung in eine Eiswürfelschale gießen und einfrieren. Bei Bedarf ein oder zwei Kräuterwürfel zum Verfeinern in Suppen, Saucen und Schmorgerichte geben.

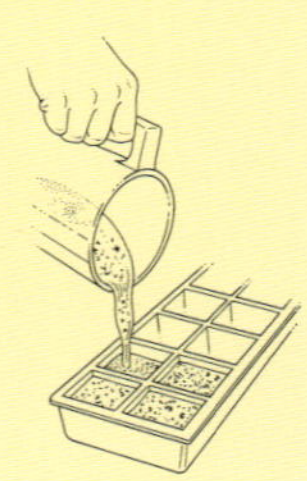

Lauch ins Freiland setzen

Lauch ist ein Wintergemüse, das auch längere Kaltwetterperioden unbeschadet übersteht. Im Frühling gesäte Lauchsämlinge haben jetzt die richtige Größe, um an ihren endgültigen Standort im Garten gesetzt zu werden.

1 Das Beet sorgfältig umgraben, da Lauch sehr tief gepflanzt werden muss, um lange, weiße Stangen hervorzubringen. Vor dem Einpflanzen etwas gut verrotteten Kompost oder Stallmist unter die Erde graben, um eine bessere Ernte zu erzielen.

2 Gegen die Unterseite der Saatschale klopfen, um die Wurzeln zu lösen, und die Sämlinge behutsam auseinanderziehen. Mehrere Sämlinge gleichmäßig übereinanderlegen und die langen, wuchernden Wurzeln mit einer Schere auf eine Länge schneiden (unten).

3 Mit einem Pflanzholz 15 cm tiefe Löcher bohren für je einen Sämling, dabei jeweils 15 cm Abstand halten.

4 Die Sämlinge einzeln in die Pflanzlöcher setzen. Darauf achten, dass unter den Wurzeln kein Hohlraum bleibt. Gleich lange Wurzeln sind darum sinnvoll.

5 Wenn alle Sämlinge gesetzt sind, vorsichtig gießen. Auf diese Weise wird genügend Erde in die Pflanzlöcher gespült, sodass die Wurzeln Halt finden (unten).

6 Bei besonders trockenen Witterungsverhältnissen muss man die Lauchsämlinge eventuell mehrmals gießen. Ansonsten benötigen sie bis zur Ernte im Herbst oder Winter keine weitere Pflege.

RECHTS: **Entfernen Sie auch weiterhin alle Unkräuter aus dem Gemüsegarten. Jetzt reifen besonders viele Gemüsearten heran.**

SPÄTSOMMER

Obwohl der Garten noch in voller Blütenpracht steht, machen sich bereits die ersten Anzeichen des Herbstes bemerkbar. Die Abenddämmerung setzt wieder früher ein, und morgens liegt ein Hauch von Nebel und schwerem Tau über den Feldern.

Während trockener Wetterperioden muss sowohl im Zier- als auch im Nutzgarten ausgiebig gewässert werden, und auch das Jäten sollten Sie nicht vernachlässigen.

Rabatten und Beete zeigen sich jetzt noch von ihrer schönsten Seite, erfordern aber auch Pflege. Besonders das Abstützen der Pflanzen ist unerlässlich, da Gewitter im Spätsommer gern heftige Regenfälle und kräftige Windböen mit sich bringen. Manche Beetpflanzen, die allmählich ihren Zenit überschreiten, müssen gestutzt werden, damit spät blühende Pflanzen besser wirken. Darüber hinaus empfiehlt es sich, weiterhin auf Anzeichen von Schädlings- oder Krankheitsbefall zu achten. In manchen Jahren macht sich Mehltau auf bestimmten Pflanzen wie Glattblattastern *(Aster novi-belgii)* stark bemerkbar und erfordert ein Fungizid.

Im Nutzgarten herrscht in dieser Jahreszeit oft ein Überangebot, da alle Gemüse gleichzeitig herangereift sind. Ernten Sie die Früchte regelmäßig, denn wenn die Hülsen, Schoten und Früchte von Bohnen, Erbsen, Zucchini und Kürbissen an den Pflanzen weiterreifen, stellen diese ihre Produktion ein. Gemüse und Obst, das Sie nicht sofort verwerten, sollte jetzt für den Winter und den kommenden Frühling konserviert werden, indem Sie es einfrieren, einmachen oder zu Marmelade und Essiggemüse verarbeiten.

OBEN: **Die aromatischen, flachen und farbenfrohen Blütenköpfe der Garbe *(Achillea)* zählen zu den schönsten Beetpflanzen des Spätsommers.**

Jetzt ist auch die Jahreszeit, in der viele Gärtner in Urlaub fahren und den Garten sich selbst überlassen. Wenn Sie jedoch entsprechende Vorkehrungen treffen, müssen Sie bei Ihrer Rückkehr nicht mit einem Chaos rechnen.

ZIERGARTEN
ALLGEMEINE ARBEITEN

Mauern und Zäune markieren nicht nur die Grenzen eines Gartens, sie erfüllen auch noch andere Zwecke: Sie schützen vor kaltem Wind, halten Tiere fern, bieten Sichtschutz und verdecken unansehnliche Bereiche, die von den attraktiven Seiten des Gartens ablenken würden.

Verschiedene Formen von Absperrungen

Die am besten geeignete Absperrform richtet sich immer nach dem Zweck. Als Schutz vor starkem Wind sind massive Mauern oder Zäune weniger empfehlenswert – die Luft wird nach oben gelenkt und dann nach unten verwirbelt, wodurch sich das Problem meist noch verschlimmert. Ein durchlässiger Windschutz wie etwa ein Rankgitter mit daran wachsenden Pflanzen, eine durchbrochene Mauer aus Gittersteinen oder ein Pfostenzaun stellt eine bessere Lösung dar, da sie den Wind filtern und bremsen.

Wer dagegen in erster Linie einen Sichtschutz wünscht, ist in der Regel mit einer massiven Mauer besser bedient; allerdings genügt in manchen Fällen bereits ein leichter Holzzaun. Das Gleiche gilt für unansehnliche Bereiche innerhalb des Gartens, die neugierigen Blicken entzogen werden sollen. Planen Sie den Standort des Sichtschutzes sorgfältig, da er je nach Entfernung zum Stein des Anstoßes höher oder niedriger bzw. breiter oder schmaler ausfallen kann.

RECHTS: **Ein leichter Holzzaun kann bereits genügen, um in einem offenen Garten kleine geschützte Bereiche zu schaffen.**

Zäune

Zäune können aus Holz, Kunststoff oder Draht bestehen. Zu den beliebtesten Zauntypen zählen vorgefertigte Holzpaneele, die aus dünnen, miteinander verwobenen Holzlatten oder aus Latten mit einseitig zugespitzter Kante bestehen. Die Paneele werden an Holz- oder Betonpfosten befestigt; da sie undurchlässig sind, eignen sie sich weniger gut als Windschutz. Pfahl- oder Staketenzäune bestehen aus vertikalen Holzlatten, die in regelmäßigen Abständen an Querhölzern befestigt sind. Pfostenzäune setzen sich aus Pfählen und zwei oder drei horizontalen Brettern zusammen; sie sind zwar preisgünstig, eignen sich aber nur als Grundstücksbegrenzung. Maschendrahtzäune wirken zwar nicht besonders attraktiv, mit Kletterpflanzen bedeckt bieten sie aber auch Wind- und Sichtschutz.

Frostempfindliche Stauden überwintern

Viele beliebte Gartenpflanzen sind nicht ganz frosthart; sie werden häufig als „bedingt winterhart" bezeichnet und sterben in kalten Wintern ab. Jetzt ist der richtige Zeitpunkt, um ein paar Stecklinge zu schneiden, die rasch Wurzeln bilden und dann als „Versicherung" gegen Winterschäden dienen.

Zu den besonders anfälligen Arten zählen Pelargonie *(Pelargonium)*, viele Fuchsiensorten *(Fuchsia)*, Strauchmargerite *(Argyranthemum)*, Wandelröschen *(Lantana)*, Sonnenwende *(Heliotropium)* und Strohblume *(Helichrysum petiolare)*.

1 **Kräftige, gesunde, nicht blühende Triebe wählen und mit einer Gartenschere abschneiden. Die unteren Blätter entfernen und die Stecklinge dicht unter einem Knoten mit einem scharfen Messer einschneiden (rechts).**

2 **Die Stecklinge in Schalen mit sandiger Anzuchterde setzen, mit einer feinen Brause gründlich wässern und mit der Kastenabdeckung an einen warmen, halbschattigen Standort stellen.**

3 **Sobald die Stecklinge Wurzeln bilden, die Haube zeitweise entfernen. Während der Wintermonate sollten sie im frostfreien Gewächshaus, im Wintergarten oder in einem kühlen, hellen Raum im Haus stehen.**

Ohrwurmfalle

Überprüfen Sie Ihre Chrysanthemen und Dahlien regelmäßig auf Ohrwurmbefall, da diese Pflanzen besonders gerne von diesen Schädlingen heimgesucht werden. Ohrwürmer fressen bevorzugt bei Nacht die Blütenblätter und Knospen an und verkriechen sich tagsüber. Bieten Sie ihnen ein verlockendes Versteck, indem Sie einen umgedrehten und mit Stroh gefüllten Blumentopf auf einen Stab in die Nähe der gefährdeten Pflanzen stecken. Die darin „gefangenen" Schädlinge können dann herausgeschüttelt und beseitigt werden.

ZIERGARTEN
PFLANZEN UND EINTOPFEN

Jetzt sollte die verblühte Sommerbepflanzung in Kübeln und Töpfen durch eine interessante Winterbepflanzung ersetzt und auch Bäume sowie Sräucher gepflanzt werden; bei heißem Wetter müssen sie gut gegossen werden. Frische Minze für den Winter kann ebenfalls jetzt gesetzt werden.

Kübelpflanzen

Sowohl Containersträucher als auch Beetpflanzen können den ganzen Sommer gepflanzt werden, benötigen aber – vor allem bei warmem Wetter – viel Wasser. Gießen Sie die Kübelpflanzen einige Stunden vor dem Umtopfen ausgiebig, damit sich die oberirdischen Pflanzenteile ausreichend mit Feuchtigkeit vollsaugen und die ganze Prozedur besser überstehen. Außerdem lässt sich der Wurzelballen auf diese Weise leichter und ohne Schädigung der Wurzeln aus dem Topf nehmen. An heißen Tagen sollten Sie die Pflanzen nicht mittags umpflanzen, sondern lieber bis zu den kühleren Abendstunden warten. Gießen Sie die umgesetzten Pflanzen anschließend sofort sehr gründlich und eventuell ein paar Stunden später erneut, damit das Wasser bis zu den Wurzeln vordringt.

RECHTS: **Kübel und Töpfe sind in vielen verschiedenen Formen und Größen erhältlich. Dieser Behälter wurde aus alten Autoscheinwerfern gefertigt.**

Minze für den Winter

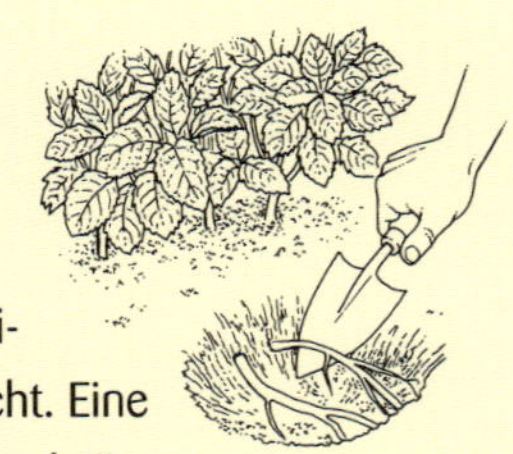

Während der Wintermonate übersteht die Minze im Freiland die kalte Zeit ruhend, aber Sie können eingepflanzte Wurzeln im Haus mühelos zum Wachstum anregen.

Die wuchernden Wurzeln der Minze direkt unter der Erdoberfläche mit einem Handspaten aus dem Boden nehmen. Die Wurzeln brechen zwar leicht, aber selbst kleine Stücke treiben noch aus. Der Mutterpflanze schadet die Entnahme nicht. Eine Saatschale mit Substrat füllen, die Erde andrücken und die Wurzelstücke in das Substrat drücken, bis sie vollständig bedeckt sind. Eine weitere Schicht Erde darübergeben und gießen, bis das Substrat leicht feucht ist. Die Schale an einen mäßig warmen Standort stellen – ins Gewächshaus oder auf eine helle Fensterbank im Haus. Sobald die ersten Triebe erscheinen, die Minze an einen möglichst hellen Standort umsetzen.

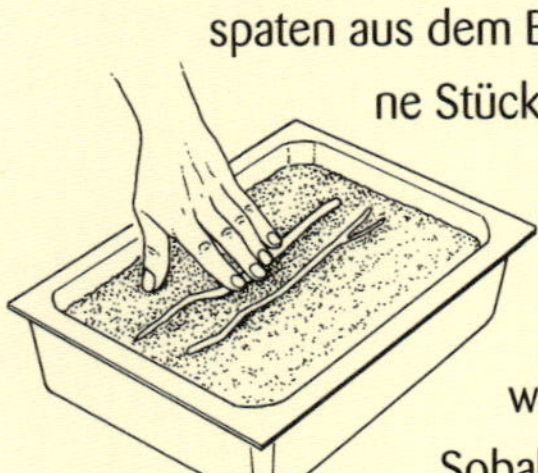

Winterbepflanzung für Balkonkästen

Im Spätsommer wirkt die Bepflanzung vieler Blumenkästen und Kübel verwildert und unordentlich; dann wird es Zeit, einige der Behälter mit einer interessanten Winterbepflanzung zu versehen.

1 Die alte Bepflanzung inkl. Erde entfernen. Den Balkonkasten reinigen, die Drainagelöcher mit neuen Tonscherben abdecken und frisches Substrat einfüllen (rechts).

2 Nur Pflanzen nehmen, die im Herbst und Winter mit ihren Blüten und Blättern für Farbe und Struktur sorgen, wie etwa Winterheide und Stiefmütterchen, Skimmie, Koniferen, panaschierten Efeu und kleine Zwiebelgewächse wie Schneeglöckchen und früh blühende Krokusse.

3 Die Pflanzen in ihren Töpfen in den Blumenkasten setzen und so lange probieren, bis Ihnen das Arrangement gefällt. Hohe, aufrechte Pflanzen eignen sich am besten für die Mitte, während Kriechpflanzen an den Seiten die Konturen ein wenig abrunden (unten).

4 Die Pflanzen aus den Töpfen nehmen und endgültig einpflanzen. Mit Erde auffüllen und andrücken. Zum Schluss ein paar Zwiebeln setzen, die mit einem Pflanzholz in die Erde gedrückt werden (unten). Sorgfältig gießen.

5 Den Balkonkasten ein paar Tage an einen geschützten Standort stellen (oben). Danach zieht er an seinen endgültigen Standort um, der weder großer Kälte noch eisigen Winden ausgesetzt sein sollte, denn die Wurzeln von Kübelpflanzen sind nicht so gut geschützt wie ihre Kollegen im Erdboden.

OBEN: **Bepflanzen Sie Ihre Blumenampeln schon jetzt für den Winter, etwa mit Stiefmütterchen, Efeu und Skimmie.**

RASEN UND WASSERGARTEN
ALLGEMEINE ARBEITEN

Die Rasenflächen sind jetzt noch recht saftig. Bald naht der beste Zeitpunkt, um neuen Rasen zu säen, daher sollten Sie den Boden schon jetzt vorbereiten. Auch der Wassergarten bietet mit seinen Ufer- und Wasserpflanzen einen interessanten Anblick.

Ein gesunder Wassergarten

Da sich die Schwimmpflanzen wie etwa Seerosen *(Nymphaea)* inzwischen vermehrt haben, große Teile der Wasseroberfläche beschatten und damit vor direkten Sonnenstrahlen schützen, sollten eventuelle Probleme mit übermäßigem Algenwuchs nun endgültig vorüber sein. Seerosen und andere Wasserpflanzen bringen zwar noch viele Blüten hervor, aber einige der älteren Blätter werden sich allmählich gelb verfärben und absterben und sollten sofort entfernt werden – genau wie alles andere abgestorbene Pflanzenmaterial. Überprüfen Sie die Blattunterseiten der Seerosen auch auf Schneckeneier und entfernen Sie sie. Wasserschnecken können sich zu einer wahren Plage entwickeln und werden meist unbemerkt durch Eier an neu gesetzten Pflanzen eingeschleppt. Lediglich die Posthornschnecke eignet sich für den Einsatz im Gartenteich.

RECHTS: **Wasserfälle wirken und rauschen nicht nur schön, sie belüften auch den Teich.**

Teiche belüften

Normalerweise nimmt das Wasser eines Gartenteichs Sauerstoff auf und setzt Kohlendioxid an der Oberfläche frei. Aber bei schwülem Gewitterwetter wird dieser Vorgang stark verlangsamt, was den Fischen schadet. Manchmal sieht man sie an der Wasseroberfläche nach Luft schnappen. Wenn dann nicht sofort etwas unternommen wird, sterben sie bald. Das Problem verschärft sich während der Nacht, wenn die Teichpflanzen ebenfalls Kohlendioxid an das Wasser abgeben. Am besten bringt man das Wasser in Bewegung. Den Springbrunnen oder Wasserfall laufen lassen, das Wasser mit einem Stab kräftig umrühren oder mit einem kräftigen Strahl aus dem Gartenschlauch die Oberfläche verwirbeln.

Bodenvorbereitung zur Rasenaussaat

Der Herbst ist der beste Zeitpunkt für die Aussaat von Rasen, daher sollte das Gelände bereits jetzt entsprechend vorbereitet werden. Da Ihr Rasen Sie viele Jahre lang erfreuen soll, lohnt es sich, die Bodenvorbereitung sorgfältig durchzuführen – nur auf diese Weise verhindern Sie spätere Bodenprobleme.

1 Möglichst sämtliche Pflanzen von dem zukünftigen Rasengelände entfernen. Vor allem Unkräuter müssen sorgfältig beseitigt werden, da man sie später kaum noch in den Griff bekommt; eventuell einen Unkrautvernichter verwenden.

2 Alle anderen hinderlichen Fremdkörper, wie größere Steine, Trittplatten u. Ä., beiseiteräumen (rechts). Das gereinigte Gelände kann danach eingeebnet werden, indem man Senken auffüllt oder Erhebungen abträgt.

3 Bei sehr abschüssigem Gelände eventuell den Neigungswinkel abflachen oder Terrassenstufen anlegen. Die oberste Bodenschicht abtragen und die unteren Erdschichten bearbeiten. Die gelagerte Deckschicht wieder gleichmäßig über das Gelände verteilen.

4 Bodenstruktur und -beschaffenheit überprüfen. Gut verrotteten Kompost oder Stallmist unter die Erde geben, um die Qualität zu verbessern (links).

Einen neuen Rasen vorbereiten

Grassamen keimen rasch und liefern schnell sichtbare Ergebnisse. Aber obwohl die Bodenvorbereitung nicht so aufwendig sein muss wie bei der Aussaat anderer Pflanzen, lohnt sich etwas Mühe. Ausdauernde Unkräuter und Steine entfernen und den Boden mit einem Langzeitdünger versehen, um die Wachstumsbedingungen zu verbessern.

LINKS: **Ein gut gepflegter Rasen bringt den Rest des Gartens eindrucksvoll zur Geltung. Bald ist der richtige Zeitpunkt, neuen Rasen auszusäen.**

NUTZGARTEN
PFLANZEN UND SÄEN

Ihre monatelangen Bemühungen werden allmählich belohnt, da jetzt immer mehr Gemüse erntereif ist. Trotzdem sollten Sie auch jetzt vorausschauend planen und Gemüse für das nächste Jahr säen oder pflanzen sowie das bald zur Ernte anstehende Wintergemüse weiterhin sorgfältig pflegen.

Spinat für die Frühjahrsernte

Zarte grüne Spinatblätter sind im Frühjahr besonders willkommen. Jetzt ausgesäte Pflanzen sind schossresistenter als im Frühling gesäte und für die Sommerernte bestimmte Sorten. Traditionell werden gröbere Winterspinatsorten im Spätsommer und Frühherbst gesät und Sommerspinat im Frühling, aber moderne Hybriden eignen sich für jede Saison.

Gießen Sie bei trockenem Wetter den Boden am Tag vor der Aussaat. Säen Sie die Samen dünn mit 3 cm Abstand in Reihen von 30 cm Abstand und pikieren Sie die Sämlinge später auf 25 cm Abstand. Je nach Witterungsverhältnissen können die ersten Blätter bereits im Spätherbst oder Winter geerntet werden, doch die eigentliche Erntezeit ist der Vorfrühling. Eine frühere Ernte ist im Folientunnel möglich.

RECHTS: **Säen Sie mehrere Reihen Spinat, denn die Blätter fallen beim Garen so sehr zusammen, dass man große Mengen benötigt.**

Winterzwiebeln

Winterharte Zwiebelsorten wie 'Martina' und 'Senshyu Yellow' eignen sich besonders für die Spätsommeraussaat und bilden im nächsten Früh- bis Hochsommer die ersten Zwiebeln. Allerdings ist der Zeitpunkt der Aussaat wichtig: Zu früh gesäte Pflanzen bilden im Frühling häufig vorzeitig Samen, während zu spät gesäte meist nur eine magere Ernte mit kleinen Zwiebeln ergeben oder den Winter nicht überstehen. Außerdem muss in kalten Regionen ein oder zwei Wochen früher ausgesät werden als in wärmeren. Die Samen in Reihen von 25–30 cm Abstand säen und die Sämlinge im Frühling auf 10 cm Abstand pikieren. Die Reihen vor der Aussaat und in den darauffolgenden Tagen regelmäßig gießen, vor allem bei warmem Wetter, um den Boden abzukühlen und die Keimung zu verbessern.

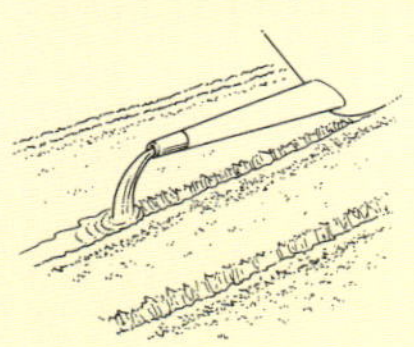

Erdbeeren pflanzen

Häufig lässt bei Erdbeeren sowohl die Ertragsmenge als auch die Qualität der Früchte nach drei Jahren nach, sodass das Beet dann neu bepflanzt werden sollte. Wenn Sie aber jedes Jahr ein Drittel der Erdbeerpflanzen durch neue ersetzen, können Sie jedes Jahr Erdbeeren ernten.

1 Erdbeeren sind anfällig für verschiedene Viruskrankheiten, die zu geringeren Erträgen führen. Daher unbedingt Jungpflanzen aus virusfreiem Hochzuchtpflanzgut verwenden.

2 Vor dem Kauf der Pflanzen den Boden sorgfältig vorbereiten: Gut verrotteten Stallmist oder Kompost unter die Erde arbeiten und alle Unkräuter sorgfältig entfernen.

3 Im Gartencenter (oder Spezialversand) finden Sie gut bewurzelte Ausläufer in kleinen Töpfen oder Torfquelltöpfen, die möglichst bald nach dem Erwerb mit 30–40 cm Abstand in Reihen von 90 cm Abstand eingepflanzt werden sollten (unten).

4 Die Pflanzen mit einem Handspaten setzen und die Erde mit den Schuhen andrücken. Die Kronen der Pflanzen sollten sich auf einer Höhe mit der Bodenoberfläche befinden. Die Pflanzen mit einer feinen Brause gießen, um die Wurzeln nicht zu beschädigen (unten).

LINKS: **Wintergemüse wie Kohl müsste inzwischen kräftig gewachsen sein. Weiterhin regelmäßig jäten und sorgfältig gießen, vor allem bei warmem Wetter.**

SPÄTSOMMER

NUTZGARTEN
ERNTEN

Im Spätsommer und Frühherbst reift täglich neues Gemüse und Obst heran. Einige Früchte müssen möglichst schnell nach dem Pflücken verzehrt werden, während andere Produkte aus dem eigenen Garten bei richtiger Lagerung sehr viel länger haltbar sind.

Früchte ernten und lagern

Die beste Zeit zum Ernten sind die frühen Morgenstunden, bevor die Früchte durch die Wärme des Tages ihre Feuchtigkeit verlieren. Gehen Sie vorsichtig mit den Früchten um – Obst mit Druckstellen oder anderen Verletzungen sollte für den sofortigen Verzehr aussortiert werden. Einmal gepflücktes Obst oder Gemüse lagern Sie am besten an einem kühlen, dunklen Ort, etwa im Gemüsefach des Kühlschranks.

Wurzelgemüse kann während des Winters im Boden verbleiben oder in Kisten mit feuchtem Sand gelagert werden. Kohlsorten mit festen Köpfen, reife Kürbisse und viele Apfel- und Birnensorten lassen sich gut in einem kühlen, luftigen Schuppen lagern; Zwiebeln und Schalotten können zu Strängen verflochten an einem trockenen Ort aufbewahrt werden. Darüber hinaus können Sie viele Gemüsearten sauer einlegen oder Obst mit Zucker einkochen.

UNTEN: **Stachelbeeren für Kompott pflückt man, sobald sie groß genug sind. Die Sorten zum Direktverzehr lässt man am Strauch reifen.**

Tiefgefrieren

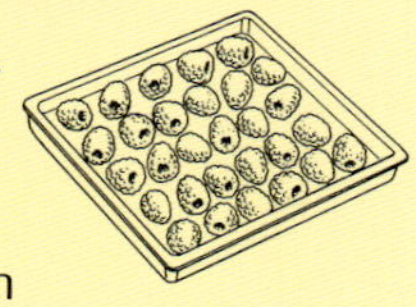

Das Einfrieren zählt zu den beliebtesten Konservierungsmethoden und eignet sich besonders für Beerenobst und Gemüse, das nach dem Pflücken rasch verwelkt. Farbe und Aroma bleiben weitestgehend erhalten, aber Struktur und Konsistenz können in manchen Fällen stark beeinträchtigt werden.

Die Früchte sorgfältig überprüfen und nur waschen, wenn es sich nicht vermeiden lässt. Das Obst zum Einfrieren auf Tabletts verteilen oder mit Kristallzucker in Gefrierbehälter geben bzw. in Zuckersirup eingelegt einfrieren. Manche Früchte, die zu Kompott verarbeitet werden wie Kochäpfel oder Stachelbeeren, kann man vor dem Einfrieren auch garen. Das Tiefkühlgut sorgfältig mit Etiketten versehen.

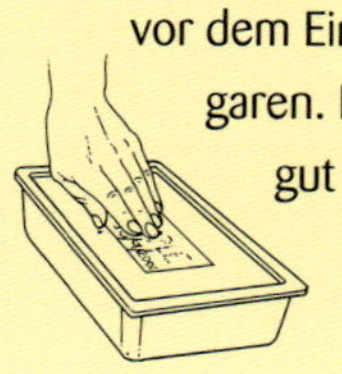

Sommerschnitt bei Obstbäumen

Äpfel und andere als Spalierobst gezogene Bäume müssen im Sommer zurückgeschnitten werden. Denn nur durch einen sorgfältigen Schnitt lassen sich die verschiedenen Formen (Cordon, Fächer oder Spalier) beibehalten, sodass die Bäume weiterhin attraktiv aussehen und viele Früchte tragen.

1 Der Sommerschnitt erfolgt über mehrere Wochen, wenn die Triebe jeweils das richtige Stadium erreichen: Sie sind dann bleistiftdick, verholzen an der Basis und wirken dunkel (oben).

2 Die untersten Basalblätter eines Triebs (meist drei Blätter, die gemeinsam an einer Stelle wachsen) bezeichnet man als Blattrosette; diese sollten beim Zählen der Blätter eines Triebs nicht mitgerechnet werden (oben).

UNTEN: **Frühe Apfelsorten ernten, sobald sich die Früchte leicht mit Stängel vom Baum pflücken lassen. Sofort verzehren.**

3 Der Rückschnitt richtet sich nach der Größe der Triebe: Neue Seitentriebe von über 20 cm Länge, die direkt vom Leitast abzweigen, auf drei Blätter über der Blattrosette zurückschneiden, und zwar direkt und schräg über dem Auge in der Blattachsel im Winkel von 45° vom Auge abfallend (oben).

4 Seitentriebe an älteren Seiten- oder Fruchttrieben schneidet man bis auf ein Blatt über der Blattrosette zurück. Durch den Sommerschnitt wird die Entwicklung von Fruchttrieben angeregt und damit die Ertragsmenge des Baumes gesteigert (oben).

SOMMER IM ÜBERBLICK
AUFGABEN UND PFLANZEN

Frühsommer

ZIERGARTEN

- Frostempfindliche Pflanzen auspflanzen, Ein- und Zweijährige säen.
- Hecken schneiden. Sträucher, die im Frühling geblüht haben, schneiden.
- Alpine Pflanzen nach der Blüte zurückschneiden.
- Kletterpflanzen anbinden, durch Absenker vermehren.
- Beetstauden anbinden, düngen, welke Blüten bei Bedarf entfernen.
- Wolfsmilcharten zurückschneiden, wenn sie unansehnlich werden.
- Schädlinge bei Auftreten sofort bekämpfen.
- Schwertlilien und Primeln nach der Blüte teilen.
- Stecklinge von Nelken schneiden.
- Kübelpflanzen gießen und düngen.
- Rosen bei Bedarf gegen Schädlinge und Krankheiten spritzen. Wildtriebe entfernen.
- Narzissenzwiebeln ausgraben und teilen.
- Beete mulchen, um Unkraut zu unterdrücken.
- Herbstblühende Zwiebelblumen und Madonnenlilien pflanzen.

RASENFLÄCHEN

- Regelmäßig mähen, bewässern, düngen und Unkraut bekämpfen.
- Flächen mit verwilderten Zwiebelgewächsen jetzt mähen.

NUTZGARTEN

- Weiter nach Bedarf jäten und gießen.
- Kartoffeln anhäufeln, frühe Sorten ernten.
- Rettich, Sommerspinat, Salat und Rüben für die späte Ernte säen.
- Weiter Busch- und Stangenbohnen, Porree und Winterkohl auspflanzen.
- Die Spitzen von Großen Bohnen ausknipsen, frühe Erbsen ernten.
- Tomaten und Paprika auspflanzen.
- Kohlweißlingsraupen aufspüren.
- Ausläufer von Erdbeeren abnehmen.
- Junge Obstbäume ausschneiden.
- Sommerschnitt an Stachelbeeren, Roten und Weißen Johannisbeeren.

Hochsommer

ALLGEMEIN

- Pflanzen auf Krankheiten und Schädlinge untersuchen.
- Regelmäßig gießen.
- Gartenbeleuchtung installieren.

ZIERGARTEN

- Sträucher und Blauregen nach der Blüte beschneiden, Hecken schneiden.
- Sämlinge von Stauden und Zweijährigen pikieren.
- Welke Blüten entfernen. Welke Steingartenpflanzen zurückschneiden.
- Stecklinge von Sträuchern schneiden.
- Früh blühende Beetpflanzen zurückschneiden, um eine zweite Blüte anzuregen.
- Kübelpflanzen ausputzen, beschneiden und gießen.
- Blumen für die Vase schneiden.
- Dahlien stützen und anbinden. Knospen entfernen, um große Blüten zu erhalten.
- Raublattastern bei Mehltaubefall behandeln.
- Frühlingsblumenzwiebeln bestellen.

RASENFLÄCHEN

- Rasenschnitt gelegentlich liegen lassen.
- Bei Trockenheit nicht zu kurz mähen.

WASSERGARTEN

- Teiche bei Bedarf nachfüllen.
- Fische füttern, damit sie den Winter gut überstehen.

NUTZGARTEN

- Reifes Gemüse regelmäßig ernten.
- Kartoffeln auf Krautfäule untersuchen.
- Kräuter zum Verbrauch, zum Trocknen und Einfrieren schneiden.
- Sämlinge ausdünnen.
- Wintergemüse pflanzen.
- Stangenbohnen gießen, sobald sie blühen.
- Nach der Ernte Stroh aus Erdbeerbeeten entfernen. Blätter abschneiden. Ausläufer bewurzeln.
- Blätter mit Bleiglanz abschneiden.
- Spalieräpfel und -birnen schneiden.
- Sommerhimbeeren nach der Ernte zurückschneiden.

Spätsommer

ZIERGARTEN

- Welke Blüten von Lavendel und Thymian entfernen, Pflanzen zurückschneiden.
- Stecklinge von frostempfindlichen Stauden zur Überwinterung nehmen.
- Beete jäten und Pflanzen ausputzen.
- Spät blühende Beetpflanzen düngen.
- Dahlien und Chrysanthemen auf Schäden durch Ohrenkneifer kontrollieren.
- Minze zur Verwendung im Winter in Töpfe pflanzen.
- Beetpflanzen zurückschneiden, damit spät blühende Sorten gut sichtbar sind.
- Wurzelnackte Sträucher und Bäume für die Herbstpflanzung bestellen.
- Sträucher und Beetpflanzen (Containerware) pflanzen.
- Abgeblühte Blumenkästen und Ampeln für Herbst und Winter neu bepflanzen.
- Letzter Schnitt an immergrünen Hecken.
- Verblühte Einjährige entfernen.
- Halbverholzte Stecklinge schneiden.

RASENFLÄCHEN

- Flächen zur Aussaat vorbereiten.

WASSERGARTEN

- Bei bedecktem Wetter Teiche belüften.

NUTZGARTEN

- Erdbeeren pflanzen.
- Sommerschnitt an Spalierobst.
- Frühe Apfelsorten ernten.
- Weiter Gemüse und Beeren ernten, große Mengen einfrieren.
- Freilandtomaten mit kaliumreichem Dünger versorgen, gelbe Blätter im unteren Bereich entfernen.
- Porree anhäufeln, damit er hell bleibt.
- Spinat und Mangold für die Frühlingsernte säen.
- Sommerhimbeeren ausdünnen.
- Herbsthimbeeren ernten.
- Stroh unter Kürbisse und Zucchini legen, damit sie trocken bleiben.
- Zwiebelgrün umknicken, damit die Zwiebeln ausreifen.

Zierpflanzen der Saison

Frühsommer

BÄUME UND STRÄUCHER

Abelia x *grandiflora* (Abelie)
Buddleja globosa, B. alternifolia (Sommerflieder)
Ceanothus (Säckelblume)
Cistus purpureus (Zistrose)
Deutzia gracilis (Deutzie)
Escallonia (Andenstrauch)
Fuchsia (Fuchsie)
Lonicera periclymenum (Geißblatt)
Philadelphus (Pfeifenstrauch)
Potentilla (Fingerstrauch)
Pyracantha (Feuerdorn)
Rhododendron
Rosa (Rose)
Spiraea douglasii (Spierstrauch)
Syringa (Flieder)
Viburnum plicatum (Japanischer Schneeball)
Weigela (Weigelie)
Wisteria sinensis (Blauregen)

STAUDEN UND BEETPFLANZEN

Achillea filipendulina 'Gold Plate' (Schafgarbe)
Ageratum (Lederbalsam)
Althaea (Stockmalve)
Aquilegia vulgaris (Akelei)
Astrantia major (Große Sterndolde)
Campanula (Glockenblume)
Coreopsis (Mädchenauge)
Delphinium elatum-Hybriden (Rittersporn)
Dianthus (Nelke)
Dictamnus albus (Diptam, Brennender Busch)
Digitalis purpurea (Fingerhut)
Geranium (Storchschnabel)
Heuchera (Purpurglöckchen)
Iris (Iris, Schwertlilie)
Lobelia erinus (Männertreu)
Lupinus (Lupine)
Nepeta x *faassenii* (Katzenminze)
Paeonia (Päonie)
Papaver orientale (Türkenmohn)
Pelargonium (Pelargonie, Geranie)

ZWIEBELGEWÄCHSE

Allium (Zierlauch)
Camassia leichtlinii, C. quamash (Prärielilie)
Lilium (Lilie)

Hochsommer

BÄUME UND STRÄUCHER

Abelia floribunda, A. x *grandiflora* (Abelie)
Catalpa bignonioides (Trompetenbaum)
Ceanothus (Säckelblume)
Cistus (Zistrose)
Clethra alnifolia (Scheineller)
Cytisus battandieri (Besenginster)
Escallonia (Andenstrauch)
Eucryphia (Scheinulme)
Fuchsia magellanica (Fuchsie)
Genista (Ginster)
Helianthemum (Sonnenröschen)
Hydrangea macrophylla (Hortensie)
Hypericum calycinum (Johanniskraut)
Lavandula (Lavendel)
Lonicera periclymenum (Geißblatt)
Olearia x *haastii* (Gänseblümchenstrauch)
Philadelphus (Pfeifenstrauch)
Vinca major (Großes Immergrün), *V. minor* (Kleines Immergrün)

PFLANZEN MIT DUFTENDEN BLÜTEN

Achillea (Schafgarbe)
Alstroemeria (Inkalilie)
Althaea (Eibisch)
Astilbe (Prachtspiere)
Begonia semperflorens (Begonie)
Campanula (Glockenblume)
Chrysanthemum maximum (Chrysantheme)
Coreopsis (Mädchenauge)
Delphinium elatum-Hybriden (Rittersporn)
Dianthus (Nelke)
Digitalis purpurea (Fingerhut)
Echinops ritro (Kugeldistel)
Erigeron (Berufkraut)
Fuchsia (Fuchsie)
Gaillardia x *grandiflora* (Kokardenblume)
Geranium (Storchschnabel)
Geum (Nelkenwurz)
Gypsophila paniculata (Schleierkraut)
Helenium (Sonnenbraut)
Hemerocallis (Taglilie)
Heuchera (Purpurglöckchen)
Kniphofia (Fackellilie)
Lathyrus (Duftwicke)
Lupinus (Lupine)
Nicotiana alata (Ziertabak)
Oenothera (Nachtkerze)
Pelargonium (Pelargonie, Geranie)
Penstemon (Bartfaden)
Phlox paniculata (Phlox)
Romneya coulteri (Baummohn)
Scabiosa caucasica (Skabiose)
Solidago (Goldrute)

ZWIEBELGEWÄCHSE

Cardiocrinum giganteum (Riesenlilie)
Crocosmia x *crocosmiiflora* (Montbretie)
Eucomis bicolor (Schopflilie)
Gladiolus (Gladiole)
Lilium (Lilie)

Spätsommer

BÄUME UND STRÄUCHER

Buddleja davidii (Schmetterlingsstrauch)
Clerodenrum bungei (Losstrauch)
Eucryphia (Scheinulme)
Hebe (Strauchveronika)
Hibiscus syriacus (Roseneibisch)
Hydrangea macrophylla (Hortensie)
Hypericum (Johanniskraut)
Lonicera (Geißblatt)
Rosa (Rose)

STAUDEN

Acanthus (Akanthus)
Achillea (Schafgarbe)
Aconitum (Eisenhut)
Anemone hybrida (Anemone)
Aster (Aster)
Begonia semperflorens (Begonie)
Chrysanthemum (Chrysantheme)
Gazania (Gazanie)
Helenium (Sonnenbraut)
Helianthus annuus (Sonnenblume)
Hemerocallis (Taglilie)
Kniphofia (Fackellilie)
Phlox paniculata (Phlox)
Romneya coulteri (Baummohn)
Rudbeckia (Sonnenhut)

ZWIEBELGEWÄCHSE

Crocosmia x *crocosmiiflora* (Montbretie)
Cyclamen purpurascens (Alpenveilchen)
Eucomis bicolor (Schopflilie)
Gladiolus-Hybriden (Gladiole)
Lilium (Lilie)

LINKS: **Auch in den nächsten Wochen erfreuen Beete und Rabatten mit ihrer Farbenpracht. Regelmäßiges Ausputzen verlängert die Blütezeit.**

FRÜHHERBST

Im Frühherbst heißt es aufräumen und die Reste der Sommerblüte entfernen, doch die warmen, sonnigen Tage mit ihren bunten Blüten, Blättern und Früchten entschädigen für diese melancholische Arbeit. Außerdem sollte man schon fürs nächste Frühjahr pflanzen und säen.

Obwohl die Hauptwachstumszeit im Herbst zu Ende geht, gibt es im Garten viel zu tun: Früchte ernten, Laub fegen und nicht winterharte Pflanzen vor dem ersten Frost schützen. Neblige Herbstmorgen, schwerer Tau und kühles Wetter bieten ideale Wachstumsbedingungen für viele Pilzkrankheiten, daher sollten Sie Ihre Pflanzen regelmäßig überprüfen und gegebenenfalls sofort handeln.

Die absterbenden Blätter laubabwerfender Bäume und Sträucher bieten einen herrlichen Anblick, werden aber bald von den Herbststürmen hinweggefegt. Entfernen Sie das Laub möglichst schnell aus Teichen, von Rasen, Steingärten, Wegen und Terrassen, bevor es Schaden anrichten kann.

Gärtner, die eine kluge Pflanzenauswahl getroffen haben, können sich auch jetzt noch an blühenden Beeten und Rabatten erfreuen. Entfernen Sie verwelkte Blüten und abgestorbene Pflanzenstiele, um diese spät blühenden Gewächse besonders schön zur Geltung zu bringen. Und vergessen Sie das Unkrautjäten nicht!

Der Herbst ist die ideale Zeit zum Setzen wurzelnackter und Containerpflanzen sowie zum Pflanzen früh blühender Zwiebelgewächse – eine angenehme Aufgabe, da sie an den nächsten Frühling denken lässt.

OBEN: **Die fast architektonisch anmutenden, stahlblauen Edeldisteln *(Eryngium)* bilden auch in den Herbstmonaten einen schönen Anblick.**

Auch bestimmte Samen sollte man jetzt im Freien säen: Verschiedene winterharte Einjährige trotzen der Winterkälte und bringen im kommenden Frühsommer prächtige Blüten hervor. Der Gemüsegarten hält nun Erbsen und Bohnen bereit, die getrocknet werden können – und zu guter Letzt ist nun die ideale Zeit, um einen neuen Rasen zu säen.

ZIERGARTEN
ALLGEMEINE ARBEITEN

Auch wenn spät blühende Blumen nun verwelkt sind, muss der Herbstgarten nicht eintönig aussehen. Das Laub kann in dieser Zeit spektakuläre Farben annehmen. Beeren setzen das Schauspiel noch über Monate hinweg fort, und auch Immergrüne kommen jetzt schön zur Geltung.

Farbenfrohe Herbstpracht

Die schwindende Tageslichtmenge bewirkt bei einigen laubabwerfenden Bäumen und Sträuchern, dass sich ihre Blätter leuchtend rot, orange und gelb färben. Dies gilt z.B. für Ahorn *(Acer)*, Sauerdorn, Berberitze *(Berberis)*, Katsurabaum *(Cercidiphyllum)*, Federbuschstrauch *(Fothergilla)*, Tupelobaum *(Nyssa)*, Jungfernrebe *(Parthenocissus)* und Zaubernuss *(Hamamelis)*.

Auch das Klima und die Bodenbedingungen spielen eine Rolle: Je größer der Unterschied zwischen Tag- und Nachttemperatur, desto bunter leuchtet das Laub. Dagegen wirkt sich feuchtes, mildes Wetter, bei dem die Blätter grün bleiben und länger an den Bäumen hängen, optisch eher nachteilig aus. Wenn Sie Ihre Bäume an einen geschützten Standort setzen, verhindern Sie, dass schön gefärbtes Laub frühzeitig von den Zweigen geweht wird. Düngen Sie die Bäume während der Wachstumsperiode, damit sie ein üppiges Blattwerk entwickeln.

UNTEN: **Es empfiehlt sich, einige laubabwerfende Bäume und Sträucher im Garten zu pflanzen, die eine schöne Herbstfärbung versprechen.**

Beeren vor Vögeln schützen

Leuchtende Beeren bieten im Herbst und Winter einen farbenfrohen Anblick, aber häufig locken sie nach dem ersten Frost scharenweise Vögel an. Zwar lässt sich mit Netzen verhindern, dass die Beeren gefressen werden, doch optisch wirken Netze nicht sehr ansprechend. Im Handel erhältliche Sprays, die Vögel fernhalten, sind eine gute Alternative: Sie enthalten einen Bitterstoff, sodass die Beeren nicht mehr schmecken. Da orangefarbene und gelbe Beeren seltener gefressen werden als rote, pflanzen Sie doch einfach Feuerdorn- und Stechpalmensorten wie *Pyracantha* 'Orange Glow' und *Ilex aquifolium* 'Bacciflava'.

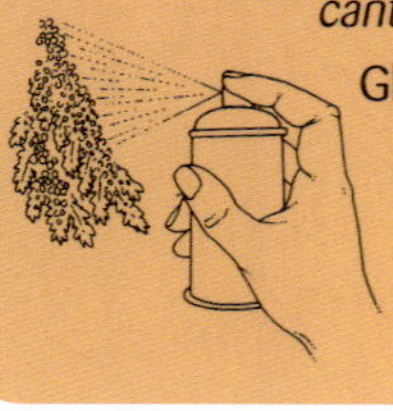

Frostempfindliche Pflanzen schützen

Eine Vielzahl von Garten- und Balkonpflanzen ist nicht winterhart und muss gegen Kälte geschützt werden. Wenn Sie von diesen Gewächsen im Spätsommer Stecklinge geschnitten haben, haben Sie zumindest Ersatz zur Hand, falls der Winterschutz nicht ausreicht.

1 Stauden sterben im Herbst ab und überwintern unterirdisch als ruhender Wurzelstock. Frostempfindliche Pflanzen schützt man am besten mit trockenem Laub, abgestorbenem Farn oder Rindenmulch, was den Wurzelbereich abdeckt und Frost und Kälte abhält.

2 Kleine Bäume und Sträucher schützt man vor Frostschäden, indem man sie mit Stroh oder Farn umwickelt. Zur Vermeidung von Pilzkrankheiten muss das Isoliermaterial trocken und locker um die Pflanze gepackt sein, damit die Luft zirkulieren kann.

3 Den Strauch mit Maschendraht umgeben, der mit Pfählen gestützt wird, und den Drahtkäfig locker mit Stroh oder Farn füllen. Ein Stück Plastikplane hält das Isoliermaterial trocken (oben).

4 Die Wurzeln von Kübelpflanzen sind besonders kälteempfindlich. Den Kübel mit Stroh oder mehrfach mit Luftpolsterfolie umwickeln (oben).

Stecklinge von Immergrünen

Die als Stecklinge vorgesehenen Triebe sollten am unteren Ende verholzt und etwa 15 cm lang sein. Die Triebe so vom Haupttrieb abziehen, dass ein kleines Stückchen Rinde am unteren Ende hängen bleibt, in ein Kombinationspräparat aus Bewurzelungshormon und Fungizid tauchen und in sandige Anzuchterde stecken. Die Stecklinge in einem Frühbeet oder ungeheizten Gewächshaus überwintern.

ZIERGARTEN
PFLANZEN UND SÄEN

Schon jetzt kann man für einen farbenfrohen Frühling vorsorgen, indem man verblühte Sommerbepflanzungen und Einjährige ersetzt und früh blühende Zwiebelgewächse in Rasenflächen pflanzt. Außerdem können Sie nun auch neue immergrüne Sträucher setzen, sofern sie nicht frostempfindlich sind.

Winterharte Immergrüne pflanzen

Da Immergrüne bereits beim Pflanzen ihr gesamtes Blattwerk ausgebildet haben, müssen sie vor widrigen Wetterverhältnissen besonders geschützt werden: Kräftiger Wind kann den Blättern viel Feuchtigkeit entziehen, sodass sie austrocknen und abfallen, während starker Frost die Blattspitzen und -ränder beschädigt. Achten Sie darauf, dass die jetzt gepflanzten Immergrünen winterhart sind; frostempfindliche Sorten gedeihen besser, wenn man sie im Spätfrühling setzt.

Bereiten Sie den Boden wie üblich vor, indem Sie ein tiefes Pflanzloch ausheben und etwas Langzeitdünger über den Grund verteilen. Achten Sie darauf, die Pflanze sorgfältig anzudrücken, da sie sonst leicht umkippen kann (gegebenenfalls mit einem Windschutz versehen, bis die Wurzeln Halt gefunden haben; siehe S. 110). Am besten den Halt regelmäßig kontrollieren.

UNTEN: **Immergrüne Sträucher und Bäume kommen im Herbst und Winter zur Geltung, weil sie dem Garten Farbe und Form verleihen.**

Sommerbepflanzung ersetzen

Die Sommerbepflanzung und Einjährige werden bald ihren Zenit überschreiten; sie sollten in den nächsten Wochen durch eine Frühjahrsbepflanzung ersetzt werden, die im Frühling für Farbe sorgt.

Die verblühten Pflanzen auf den Kompost werfen, die verbleibende Erde umgraben, Unkraut entfernen und etwas Langzeitdünger unterarbeiten; dann das Pflanzgefäß mit frischem Substrat auffüllen. Als Bepflanzung eignen sich besonders Vergissmeinnicht *(Myosotis)*, Stiefmütterchen *(Viola)*, Primel *(Primula)* und Schöterich *(Erysimum)*, die sich gut mit Tulpen und Hyazinthen abwechseln lassen.

Zwiebeln naturnah anpflanzen

Auf Rasenflächen wachsende Zwiebelpflanzen bilden besonders im Frühling einen fröhlichen Anblick. Neben Narzissen und Krokussen lassen sich auch andere Gewächse auf diese naturnahe Weise setzen, wie etwa Herbstzeitlose *(Colchicum autumnale)*, Gewöhnliche Schachbrettblume *(Fritillaria meleagris)*, Traubenhyazinthe *(Muscari)* und Blaustern *(Scilla)*.

1 Ein natürliches Erscheinungsbild ist hier besonders wichtig. Eine Handvoll Zwiebeln wird über die Rasenfläche verstreut. Sie werden dort eingepflanzt, wo sie hingefallen sind, gegebenenfalls mit kleineren Korrekturen (links).

2 Das Entfernen des Rasens und der Erde macht viel Mühe (rechts). Den Rasen zwei, drei Tage vorher ausgiebig gießen, um den Boden aufzuweichen. Einen langstieligen Handspaten verwenden.

3 Setzen Sie eine Zwiebel so in das Pflanzloch, dass sie den Grund berührt, dann mit Erde bedecken und das Rasenstück wieder fest andrücken.

4 Bei kleinen Zwiebeln wie Krokussen empfiehlt es sich, einen ganzen Rasenziegel herauszunehmen und die Zwiebeln darunter zu setzen: Dazu mit einem Kantenstecher ein „H" in den Rasen (links) schneiden, die Grasdecke abtrennen und beide Hälften zurückschlagen. Die Zwiebeln verteilen (rechts), gießen, mit den Grasdeckenhälften bedecken und sorgfältig andrücken.

5 Der bepflanzte Rasen kann im Frühjahr erst dann gemäht werden, wenn das Zwiebellaub abgestorben ist. Diese Pflanzmethode eignet sich daher am besten für naturnahe Gärten, wo dies keine Rolle spielt.

FRÜHHERBST

RASEN UND WASSERGARTEN
ALLGEMEINE ARBEITEN

Mildes, feuchtes Herbstwetter ist ideal für die Keimung von Grassamen. Das Wasser des Gartenteichs sollte regelmäßig von Pflanzenresten gesäubert werden, und die Fische brauchen etwas Aufmerksamkeit, damit sie den kommenden Winter überstehen.

Frostempfindliche Wasserpflanzen entfernen

Einige Schwimmpflanzen, wie etwa Wasserhyazinthe *(Eichhornia crassipes)* und Wassersalat *(Pistia stratiotes)*, wirken zwar im Sommer sehr attraktiv, überleben aber die kalten Wintermonate nicht im Freien. Daher sollte man sie rechtzeitig vor dem ersten Frost aus dem Teich nehmen, im frostfreien Gewächshaus überwintern (dazu den Boden einer Plastikwanne mit Teichschlamm bedecken, mit Teichwasser füllen und die Pflanzen hineinsetzen) und im nächsten Frühsommer wieder in den Teich zurückpflanzen. Die Einjährige Gewöhnliche Wassernuss *(Trapa natans)* sollte jetzt entfernt werden, damit ihre verwesenden Pflanzenteile das Teichwasser nicht verschmutzen.

Teiche vor Laub schützen

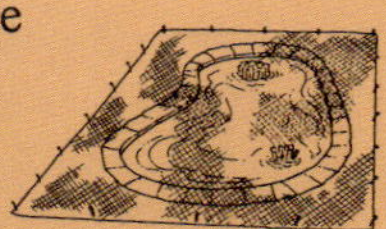

Da zerfallende Pflanzenteile giftige Gase freisetzen, die Fischen schaden und das Wasser biologisch absterben lassen, sollte man den Teich mit einem darübergespannten Kunststoffnetz vor herabfallenden Blättern schützen. Das Netz muss sicher verankert sein.

Zunächst den übermäßigen Wuchs sauerstoffbildender Pflanzen zurückschneiden und die abgestorbenen Blüten und Blättern von Schwimm- und Uferpflanzen entfernen, dann erst das Netz anbringen.

OBEN: **Die Wasserhyazinthe *(Eichhornia crassipes)* überwintert in frostfreien Klimazonen, während sie in kühlen Regionen im Herbst abstirbt.**

Neuen Rasen säen

Am preisgünstigsten lässt sich ein neuer Rasen mit Grassamen anlegen – außerdem hat man auf diese Weise die Wahl zwischen verschiedenen Sorten. Obwohl der Rasen auch im Frühling gesät werden kann, ist der Frühherbst mit seinem noch warmen, feuchten Wetter ideal.

1 Die vorbereitete Fläche gleichmäßig antreten und die Harke leicht darüber ziehen, sodass eine feine, gleichmäßige Oberfläche entsteht (rechts); dicke Klumpen sofort in kleine, feine Krümel aufbrechen.

2 Die benötigte Saatmenge genau abwiegen (Informationen: siehe Verpackung; im Schnitt 35–50 g pro Quadratmeter Rasenfläche) und die gesamte Saatgutmenge in zwei Hälften teilen.

3 Die erste Saatguthälfte möglichst gleichmäßig über die gesamte Fläche in eine Richtung, dann die andere Hälfte quer dazu verteilen (oben). Durch diese Technik werden Unregelmäßigkeiten bei der Saatmenge ausgeglichen.

4 Das Saatgut mit einem Fächerbesen leicht einarbeiten, die Samen jedoch nicht vollständig bedecken (unten). Mit einem speziellen Vogelschutzmittel behandeltes Saatgut verhindert, dass sich die Vögel auf die Samen stürzen. Man kann die Fläche aber auch mit einem Netz schützen.

Pilze aus Rasenflächen entfernen

In dieser Jahreszeit sind Pilze auf Rasenflächen ein weit verbreitetes Übel. Die meisten Pilzarten erscheinen regelrecht über Nacht, wachsen auf organischem Material im Boden und sind relativ harmlos. Wenn sie das Erscheinungsbild des Rasens stören, pflückt man sie einfach und entsorgt sie.

Dagegen erzeugt der Nelkenschwindling *(Marasmius oreades)* unansehnliche, grüne Ringe im Gras und lässt sich trotz diverser Fungizide kaum in den Griff bekommen. Die einzige Lösung besteht darin, den Rasen neu anzulegen oder die dunkelgrünen Ringe zu kaschieren, indem man eine Lage Dünger ausbringt, sodass der restliche Rasen ebenfalls eine grünere Tönung annimmt.

FRÜHHERBST

NUTZGARTEN
ALLGEMEINE ARBEITEN

Auch jetzt gibt es im Nutzgarten noch viel zu säen und zu pflanzen, und das geerntete Gemüse will sorgfältig gelagert werden. Achten Sie darauf, dass sich das Wintergemüse weiterhin gut entwickelt, und schützen Sie es bereits jetzt vor schlechtem Wetter.

Kürbisse ernten

Kürbisse sollten vor dem ersten Frost von der Pflanze geschnitten und an einem kühlen, frostfreien, trockenen Ort gelagert werden. Überprüfen Sie, ob die Früchte durch den Kontakt mit dem Erdboden Beschädigungen oder faule Stellen aufweisen. Auch die Haupternte der Kartoffeln steht nun an: Holen Sie die Kartoffeln an einem trockenen, sonnigen Tag mit einer Harke aus dem Boden und lassen Sie sie mehrere Stunden zum Trocknen liegen. Kartoffeln lagert man am besten an einem kühlen, dunklen Ort in Jute- oder reißfesten Papiersäcken oder in Holzkisten bzw. stabilen Pappkartons. Verwenden Sie keine Plastikbeutel – sie halten die Feuchtigkeit fest, was zum Verfaulen der Ernte führt.

UNTEN: Kürbisse lassen sich mehrere Wochen lagern, doch beschädigte Exemplare sollte man sofort verwenden, da sie schnell zu faulen beginnen.

Winterkohlarten stützen

Winterkohlarten wie Brokkoli, Rosenkohl und Grünkohl können eine erstaunliche Höhe erreichen. Sie sollten an exponierten Standorten mit stabilen Holzpflöcken gestützt werden, da ihre flachen Wurzeln kräftigen Windstößen eventuell nicht standhalten.

Frühe Rosenkohlsorten sind jetzt schon reif für die Ernte. Am unteren Stammende beginnen und sich nach oben vorarbeiten.

Wurzelgemüse ernten

Einige Wurzelgemüsearten können den ganzen Winter über in der Erde bleiben, doch andere sollten am Ende der Wachstumsperiode herausgenommen und oberirdisch gelagert werden, besonders bei schweren Böden, die im Winter ständig feucht sind. Die Feuchtigkeit lässt das Gemüse rasch verfaulen.

1 Möhren schmecken am besten, wenn man sie jung erntet (rechts) und direkt verzehrt, aber es gibt auch lagerfähige Sorten. Allerdings dürfen sie nicht zu lange in der Erde bleiben, da sie sonst aufplatzen und unbrauchbar werden.

2 Die Möhren vorsichtig mit einer Grabegabel heben oder von Hand herausziehen, überschüssige Erde entfernen und das Laub abschneiden (unten). Die Möhren kühl und dunkel in Kisten mit feiner, fast trockener Erde, Sand oder Torf lagern. Beschädigte Möhren sofort verwerten.

3 Rote Beten werden häufig als Essiggemüse eingemacht, schmecken aber auch gegart köstlich. Die Sorte 'Burpee's Golden' färbt im Gegensatz zur herkömmlichen Roten Bete nicht alles rosa, was mit ihr in Berührung kommt.

4 Rote Beten werden genau wie Möhren geerntet und gelagert, allerdings sollte man das Laub abdrehen und nicht abschneiden, da die Wurzeln sonst ausbluten. Die Rüben nicht zu lange in der Erde lassen, weil sie holzig werden (unten).

Im Sommer gepflanzte Kartoffeln schützen

Im Sommer gesetzte Kartoffeln für die Herbst- und Winterernte sollten allmählich vor kalter Witterung geschützt werden. Die Wurzelhälse mit Stroh, Farn oder einem anderen trockenen Mulchmaterial abdecken. Die ersten Knollen reifen in der Herbstmitte heran, können meistens aber bis tief in den Winter im Erdboden verbleiben.

NUTZGARTEN
PFLANZEN UND SÄEN

Der Herbst ist nicht nur die Zeit der Ernte, sondern auch der richtige Zeitpunkt, um für zukünftige Ernten weiterhin zu pflanzen und zu säen. Die Aussaat unter Glas schützt vor schlechtem Wetter. Zuvor gesäte Sämlinge müssen nun ausgedünnt oder umgetopft werden.

Steckzwiebeln setzen

Im Herbst gepflanzte Steckzwiebeln sorgen im nächsten Frühsommer für eine frühe Ernte (meist mehrere Wochen vor der herkömmlichen Erntezeit), die sich allerdings nur wenige Wochen hält. Aufgrund ihrer Frost- und Krankheitsbeständigkeit sind die Sorten 'Stuttgarter Riesen', 'Yellow Spanish', 'Sturon' und die rote 'Red Hamburger' besonders geeignet.

Bereiten Sie das Beet sorgfältig vor: Da der Herbst-anbau einen durchlässigen Boden benötigt, sollten Sie etwas grobkörnigen Sand oder Kies unterarbeiten. Die Zwiebeln in Reihen mit 10–15 cm Pflanzabstand setzen; dazu Pflanzlöcher mit einem Handspaten ausheben. Drückt man die Zwiebeln einfach nur in das Beet, wird die Erde unter den Zwiebeln zusammengepresst, sodass die Wurzeln den Boden nicht durchdringen können.

Sämlinge ausdünnen

Sämlinge von spät gesäten Gemüsesorten – Salat, Rettich, Spinat und Weiße Rübe – sollte man ausdünnen, sobald sie groß genug sind. Das Ausdünnen erfolgt am besten in zwei Phasen: zuerst nur auf die Hälfte des empfohlenen Pflanzabstandes ausdünnen und später jede zweite Pflanze herausnehmen.

Bei besonders dicht stehenden Sämlingen muss man sehr vorsichtig vorgehen, um die Wurzeln der verbleibenden Pflanzen nicht zu beschädigen. Bei trockenem Wetter die Sämlinge vor dem Ausdünnen gießen, um das Herausnehmen der unerwünschten Exemplare zu erleichtern.

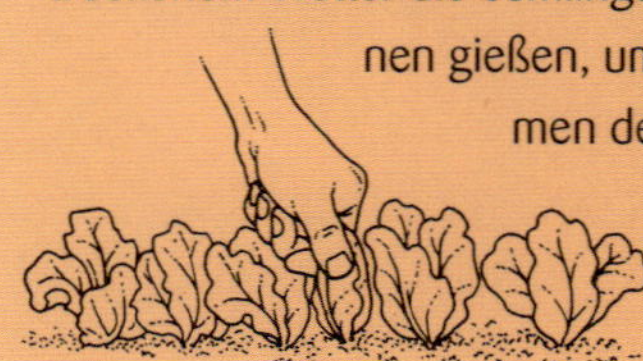

UNTEN: **Im Herbst gepflanzte Steckzwiebeln bringen im darauffolgenden Frühsommer ihre Ernte hervor.**

Salat für die Halbzeiternte

Gärtner mit einem Gewächshaus müssen selbst im Winter nicht auf frischen Salat verzichten, auch wenn dieser nicht ganz so knackig und üppig gedeiht wie im Sommer. Der Frühherbst ist der richtige Moment zur Aussaat. Sobald die Sämlinge eine gewisse Größe erreicht haben, setzt man sie in Pflanzsäcke oder direkt in das Gewächshausbeet.

1 Da sich nur wenige Salatsorten für die Gewächshauskultur im Winter anbieten, sollte man sich im örtlichen Gartencenter nach den am besten geeigneten Sorten erkundigen.

2 Auch in ungeheizten Gewächshäusern lässt sich Salat ziehen, doch geheizte liefern schneller sichtbare Ergebnisse. Man kann aber auch ein Frühbeet oder einen Folientunnel verwenden.

3 Das Saatgut dünn und gleichmäßig über eine vorbereitete Saatschale mit feuchtem Substrat verteilen und leicht mit Erde bedecken. Die Saatschale muss unbedingt an einem gut gelüfteten, halbschattigen Standort stehen.

4 Sobald die Sämlinge (oben) erscheinen, die Schale an einen sonnigen Standort bringen, sehr vorsichtig gießen (um Pilzerkrankungen zu vermeiden) und die Sämlinge ausdünnen, sobald man sie an den Keimblättern fassen kann.

RECHTS: **Dicht gesetzte Kohlpflanzen erzeugen viele Blätter; runde, kompakte Kohlköpfe erzielt man durch einen größeren Pflanzabstand zwischen den Jungpflanzen.**

HERBSTMITTE

Auch in einer Jahreszeit, in der immer mehr Blätter von den Bäumen fallen und die letzten Sommerblüten verwelken, muss der Garten auch weiterhin aufgeräumt und gefegt werden. Außerdem wird es nun höchste Zeit, frostempfindliche Pflanzen zu schützen.

Das bunte Laub an Bäumen und Sträuchern fällt jetzt meist ohne Unterlass oder wird von kräftigen Herbststürmen fast vollständig heruntergefegt. Trockene Blätter richten keinen Schaden an, aber der nächste Regen verwandelt sie in eine glitschige Masse, die eine Gefahr für Mensch und Pflanze darstellt. Entfernen Sie sie daher von Wegen und Treppen (damit niemand ausrutscht) sowie von Rasenflächen und kleinen, empfindlichen Gewächsen, bevor diese vom Laub vollständig bedeckt werden.

Auch verwelkte Blüten und abgestorbenes Blattwerk sollten nun aus den Rabatten genommen werden; allerdings verleihen manche dekorativen Samenstände dem Garten auch im Herbst und Winter Reiz.

Die Herbstmitte bringt die ersten Nachtfröste mit sich, wobei diese natürlich von Region zu Region unterschiedlich ausfallen. Während manche Gebiete schon bald mit Minusgraden rechnen müssen, können andere auf milde Herbst- und Wintermonate vertrauen. Dennoch sollte man sich immer auf das Schlimmste einstellen und schon jetzt alle nicht zweifelsfrei winterharten Pflanzen vor Frost schützen, damit sie nicht von einem plötzlichen Kälteeinbruch überrascht und erheblich beschädigt werden.

OBEN: Die Rosenart *Rosa glauca* wird nicht nur wegen ihrer purpurroten Blätter geschätzt, sondern auch aufgrund ihrer glänzend roten Hagebuttenbüschel. LINKE SEITE: Die wuchsfreudige Kletterpflanze *Parthenocissus quinquefolia*, auch Wilder Wein genannt, besitzt aufsehenerregendes Herbstlaub.

Da immer mehr Gemüsesorten im Nutzgarten das Wachstum einstellen und deshalb entfernt werden sollten, entsteht nun Platz für eine Frühjahrsbepflanzung. Beginnen Sie mit dieser arbeitsintensiven Aufgabe möglichst früh, damit Sie nicht alles auf einmal erledigen müssen.

HERBSTMITTE
ALLGEMEINE ARBEITEN

Beseitigen Sie abgefallene Blätter und Pflanzenreste und verwandeln Sie sie in wertvollen Kompost und Blatthumus. Eine Reihe von Gartenpflanzen muss im Herbst und Winter vor Kälte und schweren Regengüssen geschützt werden.

Kälteschutz für Pflanzen

Achten Sie weiterhin darauf, dass nicht winterharte Pflanzen gut vor Frost geschützt sind. Auch Gewächse, die als „relativ winterhart", „bedingt winterhart" oder „semi-winterhart" bezeichnet werden, sollte man in Regionen mit starkem Frost sorgfältig abdecken – dies gilt vor allem für Jungpflanzen oder frisch gepflanzte Exemplare, die sich noch nicht genügend eingewöhnen konnten. Gefährdet sind u.a.: Schmucklilie *(Agapanthus)*, Keulenlilie *(Cordyline)*, Kapfuchsie *(Phygelius)*, Palmlilie *(Yucca)*, Eukalyptus *(Eucalyptus)*, Passionsblume *(Passiflora)* und Akazie *(Acacia)*.

Denken Sie daran, dass viele Pflanzen kurze Nachtfröste, ohne Schaden zu nehmen, überstehen, wenn die Tagestemperaturen noch hochklettern, aber länger andauernde Frostperioden von sieben und mehr Tagen möglicherweise nicht überleben.

UNTEN: **In dieser Jahreszeit müssen empfindliche Pflanzen vor Nachtfrösten geschützt werden, z.B. mit einer transparenten Abdeckfolie.**

Vor starkem Regen schützen

Im Herbst und Winter verursachen besonders nasse Witterungsverhältnisse meist größere Schäden als Frostperioden. Pflanzen mit behaarten Blättern wie etwa die Königskerze *(Verbascum)* sind besonders gefährdet, da die Feuchtigkeit an ihren Blättern lange haftet. Auch Pflanzen mit silbrigem Laub, die an trockene Wachstumsbedingungen gewöhnt sind, leiden unter zu viel Feuchtigkeit. Diese anfälligen Gewächse mit einem Glaszelt (an beiden Enden offen) schützen, das das Wasser fernhält, aber die Luft zirkulieren lässt, damit sich keine Pilzerkrankungen ausbilden können.

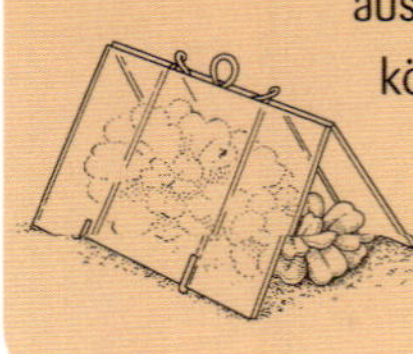

Einen Komposthaufen aufsetzen

Nahezu jeder Boden kann durch zersetztes organisches Material verbessert werden – das sich aber nicht immer leicht finden lässt. Das Aufsetzen eines Komposthaufens im eigenen Garten bietet zwei Vorteile: Einerseits steht Ihnen jederzeit organisches Material zur Verfügung, und andererseits können Sie verschiedene Gartenabfälle bequem entsorgen.

1 Ein Komposthaufen ist ein Ort im Garten, an dem gesammelte Pflanzenabfälle gemeinsam verrotten (rechts). Ein selbst gebauter oder gekaufter Kompostbehälter aus Drahtgeflecht, Kunststoff oder Holz bietet ideale Kompostierbedingungen, sodass sich die Pflanzen schneller zersetzen; außerdem bleibt der Garten aufgeräumt.

2 Jegliches organische Material (d.h. alles, das einmal gelebt hat) kann kompostiert werden, doch sollte man auf Fleisch und Gekochtes verzichten, da diese Ungeziefer anlocken. Junge Unkräuter, Pflanzenabfälle, Obst- und Gemüseschalen kann man einfach auf den Haufen werfen, während Rasenschnitt zuvor mit gröberen Materialien gemischt werden sollte.

3 Den vollständig gefüllten Behälter mit einem Stück Teppichrest oder Karton abdecken, damit er die Wärme hält und nicht durchnässt, und warten, bis der Inhalt zu einem dunkelbraunen, feinkrümeligen Material verrottet ist (links). Gelegentliches Umsetzen (d.h. Wenden des Inhalts) beschleunigt den Zersetzungsprozess.

4 Gehölzschnitt, andere sperrige Gartenabfälle sowie erkranktes Pflanzenmaterial und älteres Unkraut sollte man besser in den Hausmüll geben, da Krankheitserreger und Unkrautsamen durch den Verrottungsprozess nicht immer abgetötet werden.

Laub fegen

Es ist schon erstaunlich, wie schnell sich ein paar herabgefallene Blätter bei feuchtem Wetter in eine Rutschbahn verwandeln können und auf Wegen, Treppen und Terrassen zu einer echten Gefahr werden. Am besten regelmäßig fegen, da sich Laub im trockenen Zustand leichter in einen Plastiksack füllen lässt. Den Sack verschließen, mit einer Grabegabel mehrere Löcher in die Seiten stechen und ihn in eine Ecke des Gartens stellen, wo sich der Inhalt im Laufe der Zeit zersetzt und zu wertvollem Blatthumus verwandelt.

ZIERGARTEN
ALLGEMEINE ARBEITEN

Auch jetzt bietet der Ziergarten noch einen interessanten Anblick. Es ist der richtige Moment, einige Pflanzen herauszunehmen und im Haus oder Gewächshaus zu überwintern, die Blumenrabatten aufzuräumen sowie Stauden zu teilen und erneut zu pflanzen.

Dekorative Samenstände

Beim Aufräumen der Sommerrabatten sollten Sie vorsichtig vorgehen: Manche verblühte Pflanze kann nämlich auch im Herbst und Winter noch wichtige Aufgaben erfüllen. Da viele Samenstände ausgesprochen dekorativ sind, sollten Sie die letzten Blüten nicht entfernen, damit sich Samen bilden können.

Besonders schöne Samenstände bringen die folgenden Gewächse hervor: Bärenklau *(Acanthus)*, Lauch *(Allium)*, Zittergras *(Briza)*, Artischocke *(Cynara)*, Edeldistel *(Eryngium)*, Schwingel *(Festuca)*, Übelriechende Schwertlilie *(Iris foetidissima)*, Silberling *(Lunaria)*, Jungfer-im-Grünen *(Nigella damascena)*, Mohn *(Papaver)*, Lampionblume *(Physalis alkekengi)*, Skabiose 'Paper Moon' *(Scabiosa)* und Rohrkolben *(Typha)*. Außerdem besitzen viele Gewächse – wie etwa Garbe *(Achillea)*, Eberwurz *(Carlina)*, Hortensie *(Hydrangea)* und Schöne Fetthenne *(Sedum spectabile)* – attraktive, getrocknete Blüten, die vor allem mit Reif überzogen sehr dekorativ sind.

UNTEN: ***Sedum spectabile*** **zählt zu den zahlreichen Beetpflanzen, deren vertrocknete Blütenköpfe auch im Herbst noch sehr attraktiv wirken.**

Knochenmehl ausbringen

Knochenmehl ist ein natürlicher Langzeitdünger, der die Nährstoffe – etwas Stickstoff und einen höheren Anteil an Phosphat – langsam an den Boden abgibt und am besten während der Ruheperiode um Stauden, Bäume und Sträucher ausgebracht wird.

Beim Ausbringen immer Schutzhandschuhe tragen, da das (geringe) Risiko besteht, dass der Dünger mit tierischen Krankheitserregern verseucht sein könnte. Außerdem verursacht Knochenmehl, genau wie jedes andere Düngepulver, ein unangenehmes Brennen bei Hautverletzungen oder Schürfwunden.

Beetpflanzen teilen

Durch Teilen kann man auf einfache Weise seinen Pflanzenbestand vergrößern, wobei man nicht nur neue Gewächse erhält, sondern auch die Qualität der Pflanzen verbessert, die bereits mehrere Jahre an einem Standort stehen. Diese Aufgabe können Sie zwar auch im Frühling erledigen, aber die Herbstmitte ist die ideale Jahreszeit dafür.

1 **Beliebte Beetpflanzen wie Glockenblume *(Campanula)*, Funkie *(Hosta)*, Garbe *(Achillea)*, Kugeldistel *(Echinops)* und Mohn *(Papaver)* lassen sich gut teilen: Die Pflanze samt Wurzelballen vorsichtig mit einer Grabegabel ausgraben und auf eine Plastikplane auf der Wiese oder dem Gartenweg legen (rechts).**

2 **Die Ballenmitte ist meist verholzt, während die kräftigsten Triebe am Rand sitzen. Durch das Teilen entfernt man die unproduktive Mitte und verjüngt die Pflanze, indem man die wuchsfreudigen Teile wieder einpflanzt.**

3 **Den Ballen mit zwei Rücken an Rücken gelegten Grabegabeln auseinanderziehen (links) und mit einem Messer teilen. Kleine Gewächse können von Hand geteilt werden, wobei jede Hälfte die Handfläche gut ausfüllen und starke Wurzeln sowie kräftige Triebknospen besitzen sollte.**

4 **Die neuen Teile sofort wieder einsetzen, damit die Wurzeln nicht austrocknen. Beim gleichen Standort vor dem Einsetzen die Erde rasch mit einem Handspaten lockern, Unkraut entfernen und etwas Knochenmehl oder einen anderen geeigneten Langzeitdünger hinzufügen.**

Dahlien herausnehmen und teilen

Freilanddahlien müssen vor kaltem, feuchtem Winterwetter geschützt werden, damit sie bis zum Frühling überleben. Sobald der Frost das Laub schwarz verfärbt hat, den Haupttrieb bis auf 15 cm kürzen, die Wurzelknollen herausnehmen und ein paar Tage kopfüber lagern, damit die Feuchtigkeit aus den hohlen Stängeln entweichen kann. Dann sorgfältig säubern, in Kisten legen, mit fast trockenem Substrat bedecken und an einem kühlen, frostfreien, trockenen Ort (Garage oder Schuppen) überwintern. Auf die gleiche Weise jetzt auch Gladiolen und Begonien herausnehmen und lagern.

ZIERGARTEN
PFLANZEN

Der Herbst ist die ideale Pflanzzeit, doch in windreichen Regionen sollte man die neu gesetzten Pflanzen vorübergehend mit einem Windschutz versehen. Die meisten früh blühenden Zwiebelgewächse wurden bereits gepflanzt, aber einige Gewächse bevorzugen einen späteren Pflanztermin.

Wurzelnackte Bäume und Sträucher

Wurzelnackte Pflanzen werden während ihrer Ruheperiode verkauft und umgepflanzt; sie sind meist preiswerter als Containerpflanzen und häufig in einer größeren Sortenauswahl erhältlich. Außerdem lassen sie sich leichter transportieren und können sogar über den Versandhandel bestellt werden.

Achten Sie darauf, dass die Wurzeln nicht allzu sehr austrocknen, und wickeln Sie sie während des Transports in Plastiksäcke, Papier oder Jutesäcke. Idealerweise setzt man die Pflanzen sofort an ihren endgültigen Standort; Sie können die Wurzeln aber auch vorübergehend in feuchte Tücher einschlagen und mit feinkrümeliger Erde an einer schattigen Stelle bedecken. Überprüfen Sie die Wurzeln unmittelbar vor dem Einpflanzen erneut und entfernen Sie alle beschädigten Stellen mit einer Gartenschere.

RECHTS: **Wurzelnackte Koniferen (hier zu Transportzwecken eingeschlagen) lassen sich am besten während der Ruheperiode verpflanzen.**

Neu gepflanzte Sträucher vor starkem Wind schützen

In dieser Jahreszeit können frisch gesetzte Sträucher an exponierten Standorten erheblichen Windschaden erleiden. Immergrüne sind durch ihr dichtes Blattwerk besonders gefährdet, aber auch bei laubabwerfenden Exemplaren können Zweige abknicken – oder die Pflanze wird im schlimmsten Fall sogar vollständig umgeweht.

Um dies zu vermeiden, auf der dem Wind zugewandten Seite des Strauchs einen zeitweiligen Windfang errichten: zwei oder drei Pfähle setzen und eine Windschutzmatte, ein Stück Sackleinen oder sogar alte Tüten daran festtackern. Dieser Windschutz kann im nächsten Spätfrühling entfernt werden, wenn die Pflanzen sich gut etabliert haben.

Tulpen und Hyazinthen pflanzen

Früh blühende Zwiebelgewächse wie Narzissen und Krokusse werden im Frühherbst gesetzt, doch Tulpen und Hyazinthen pflanzt man vorzugsweise erst in der Herbstmitte oder sogar im Spätherbst, da sie sonst vorzeitig zu wachsen beginnen und durch das kalte Wetter Schaden erleiden könnten.

1 Tulpen und Hyazinthen sind attraktive Beetpflanzen, vor allem in Kombination mit Frühlingsblumen wie Schöterich und Vergissmeinnicht. Den Boden tief umgraben und etwas Langzeitdünger wie Knochenmehl hinzufügen.

2 Die Pflanzlöcher mit einem Handspaten (rechts) ausheben und die Zwiebeln in zweifacher Zwiebelhöhe einpflanzen. Eine zu flache Pflanztiefe führt zu kümmerlichen Blüten.

3 Die Spitzen der Zwiebeln müssen nach oben weisen und die Zwiebeln den Grund berühren. Die Löcher mit Erde füllen und diese leicht andrücken.

4 Den Pflanzbereich mit einem Schild versehen (links), damit bei Erdarbeiten im Winter die Zwiebeln nicht versehentlich beschädigt werden.

LINKS: **Viele kleine Tulpenvarietäten – wie etwa diese *Tulipa-kaufmannia*-Hybriden mit ihren hübsch gefleckten Blättern – sind sehr attraktiv.**

RASEN UND WASSERGARTEN
ALLGEMEINE ARBEITEN

Teiche und Wasseranlagen müssen regelmäßig von Laub und anderen Pflanzenresten befreit werden. Außerdem ist nun der ideale Zeitpunkt zum Verlegen von Rollrasen. Und falls Sie die Qualität einer bestehenden Rasenfläche verbessern möchten, wirkt Sand wahre Wunder.

Wasser- und Uferpflanzen

Damit der Wassergarten in dieser Jahreszeit keinen ungepflegten Eindruck macht, empfiehlt es sich, die abgestorbenen, gelben Stängel und Blüten der Uferpflanzen bis kurz über der Wasseroberfläche zurückzuschneiden. Achten Sie darauf, dass kein Schnittgut ins Wasser fällt. Sauerstoffbildende Pflanzen sollten jetzt ebenfalls gestutzt werden, da die Gewächse im Frühling und Sommer zwar enorm wachsen, aber im Herbst und Winter größtenteils absterben. Verwenden Sie dazu eine Gartenschere und kürzen Sie die Stängel um zwei Drittel (das Entfernen des Schnittguts nicht vergessen!).

Die Futtermenge für die Fische richtet sich jetzt nach den Witterungsbedingungen. Falls es noch relativ warm ist, geben Sie eine kleine Menge Futter ins Wasser, um zu überprüfen, ob die Tiere noch Hunger haben. Sobald sie das Futter nicht mehr innerhalb von 5–10 Minuten vollständig auffressen, sollten Sie das Füttern einstellen.

UNTEN: **Wasser- und Uferpflanzen zurückschneiden, damit die absterbenden Pflanzenteile das Wasser nicht verschmutzen.**

Unterwasserpumpen entfernen

Jetzt wird es höchste Zeit, eventuell vorhandene Unterwasserpumpen aus dem Teich zu nehmen, sorgfältig zu reinigen (vor allem die Filter) und während der Wintermonate an einem trockenen Ort abgedeckt zu lagern.

Falls sich die Pumpe in der Mitte eines großen Teichs befindet und schlecht zu erreichen ist, kann man sie auch im Wasser lassen. Allerdings muss sie dann während der Wintermonate alle paar Wochen für kurze Zeit eingeschaltet werden – falls der Teich nicht zugefroren ist! Die Lebensdauer einer Pumpe verlängert sich jedoch, wenn man sie im Herbst herausnimmt.

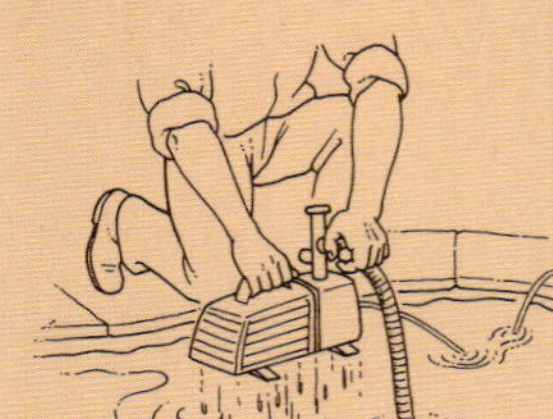

Rollrasen verlegen

Rollrasen ist zwar erheblich teurer als Grassamen, besitzt aber einen großen Vorteil – die Rasenfläche ist sofort fertig. Im Handel sind unterschiedliche Rollrasenarten erhältlich, von teuren Luxusrasen bis hin zu preiswerteren Wiesenrasen, auf denen man zwar nicht Golf spielen kann, die aber für die meisten Familiengärten völlig ausreichen. Der Arbeitsaufwand beim Verlegen eines Rollrasens wird gerne unterschätzt; sichern Sie sich daher die Unterstützung möglichst vieler Helfer.

1 Den Untergrund wie für die Rasenaussaat (siehe S. 85 und 99) sorgfältig vorbereiten. Rollrasen muss innerhalb von ein oder zwei Tagen nach Lieferung verlegt werden.

2 Die ersten Grassoden entlang einer geraden Kante verlegen; gegebenenfalls mit einer Schnur eine Hilfslinie ziehen (rechts). Die Rasenstücke mit dem Rechenrücken oder einer Gartenwalze festdrücken, damit keine Lufteinschlüsse bleiben.

3 Ein Brett zur Gewichtsverteilung auf die erste Reihe legen, dann die nächste Reihe versetzt verlegen – das ist vergleichbar mit beim Mauern von Ziegeln. Die Ränder der Soden sollten möglichst dicht nebeneinanderliegen (links). Auf diese Weise nach und nach die gesamte Fläche mit Grassoden bedecken.

4 Zum Schluss die Rasenkanten mit einem Halbmond-Kantenstecher schneiden (für gerade Ränder eine Schnur spannen, für runde Abschlüsse einen Gartenschlauch als Hilfslinie verwenden). Die Nahtstellen zwischen den Grassoden mit einer Mischung aus Torf und Sand oder feinkrümeligem Substrat sorgfältig schließen (links).

Absanden

Torf (oder Torfersatzsubstrat), hochwertige, gesiebte Topferde auf Lehmbasis und mittelfeinen Sand mischen. Die Mengenverhältnisse richten sich nach dem jeweiligen Untergrund: Bei schweren Böden den Sandanteil erhöhen und bei leichten Böden mehr Erde und Torf verwenden. Die Sandmischung gleichmäßig über den gesamten Rasen verteilen und mit dem Rechenrücken oder einem festen Besen einarbeiten. Zwar sieht der Rasen zunächst ungepflegt aus, doch die Sandmischung verschwindet bald im Boden und sorgt dafür, dass im nächsten Frühling und Sommer dichtes, kräftiges Gras wächst.

NUTZGARTEN
ALLGEMEINE ARBEITEN

Obwohl Rhabarber meist als Obst eingestuft wird, gehört er eigentlich zu den Gemüsepflanzen. Die jungen, zarten Stiele sind im Frühjahr delikat, und der Herbst ist der richtige Zeitpunkt zum Pflanzen. Einige Beerensträucher sollten nun gestutzt und mit Steckhölzern vermehrt werden.

Rhabarberkronen pflanzen

Rhabarber pflanzt man am besten mithilfe von virusfreien Kronen (oder Teilstücken) aus dem Gartencenter oder -versand. Dabei handelt es sich um Bündel fleischiger Wurzeln mit mindestens einer großen Knospe. Graben Sie zersetzten Kompost oder Stallmist unter die Erde des geplanten Standorts, aber verzichten Sie auf Kalkzusätze, da Rhabarber leicht saure Böden bevorzugt.

Setzen Sie die Teilstücke (z.B. 'Holsteiner Blut' oder 'Elmsjuwel') so ein, dass die Knospen gerade mit Erde bedeckt sind, gegebenenfalls mit 90 cm Pflanzabstand zwischen den Teilstücken – aber schneiden Sie im darauffolgenden Frühjahr nicht zu viele der zarten Stiele. Wenn Sie Süßdolde danebensetzen und den Rhabarber zusammen mit einer Handvoll Süßdoldenblätter garen, verringert das den Säuregehalt.

RECHTS: **Jetzt gesetzt, kann Rhabarber im Frühjahr geerntet werden. Beim Pflanzen auf virusfreie Teilstücke aus dem Gartenfachhandel achten.**

Wurzelgemüse im Winter

Wurzelgemüse wie Pastinaken und Kohlrüben können oft im Beet überwintern und bei Bedarf geerntet werden. Aber sobald das Laub abgestorben ist, sind die Wurzeln nur noch schwer zu finden. Daher die Reihen sorgfältig markieren, immer vom gleichen Ende der Reihe ernten und die Markierung an die Stelle setzen, an der zuletzt etwas herausgenommen wurde. Da man bei gefrorenen Böden nicht ernten kann, empfiehlt es sich, einen Teil des Gemüses herauszunehmen und in Kisten mit Erde im Schuppen zu lagern, sobald eine Frostperiode angekündigt wird.

Steckhölzer von Beerensträuchern schneiden

Beerenobst wie Johannis- und Stachelbeeren lässt sich leicht durch Steckhölzer vermehren. Die Stecklinge können den Winter über im Garten verbleiben. Achten Sie darauf, dass Sie sie nicht kopfüber in den Boden stecken – ein häufiger Fehler, der sich jedoch durch eine sorgfältige Markierung vermeiden lässt.

1 Die Steckhölzer werden in der Ruheperiode mit einer Gartenschere von vollständig verholzten Trieben des jeweiligen Jahres geschnitten. Warten, bis sämtliche Blätter abgestorben sind, und nur kräftige, gesunde, bleistiftdicke Triebe verwenden.

2 Die Triebe mit einer scharfen Gartenschere in mehrere 15–25 cm lange Teilstücke schneiden (rechts), wobei die Steckhölzer unten gerade und oben schräg angeschnitten werden, damit man nicht oben und unten verwechselt. Das untere Ende mit Bewurzelungshormon behandeln.

3 Den Boden umgraben und etwas groben Sand hinzufügen, um die Drainage zu verbessern. Mit einem Spaten eine schmale Rille ziehen und die Steckhölzer so in die feuchte Erde setzen, dass sie 5 cm herausragen. Die Stecklinge müssen ein Jahr lang ungestört wurzeln können.

4 Die Erde rund um die Steckhölzer kräftig andrücken und die Reihe markieren (links). Gelegentliches Unkrautjäten nicht vergessen. Im Laufe des Winters bildet sich an der Basis der Stecklinge Kallusgewebe, aus dem im nächsten Frühling die Wurzeln hervorgehen werden.

Schwarze Johannisbeeren

Johannisbeersträucher bringen den größten Teil ihrer nächsten Ernte an Trieben des aktuellen Jahres hervor. Daher das abgeerntete Fruchtholz (an seiner grauen bis schwarzen Tönung zu erkennen) bis zum Boden zurückschneiden und nur die hellbraunen Jungtriebe stehen lassen. Bei Unterscheidungsschwierigkeiten die Pflanzen einfach im nächsten Jahr während der Erntezeit zurückschneiden: Triebe mit Beeren sofort entfernen, sobald die Johannisbeeren reif sind. Auch **Brombeeren** benötigen jetzt einen Rückschnitt: Das Fruchtholz entfernen und die Jungtriebe behalten. Die verbleibenden Ruten befestigen.

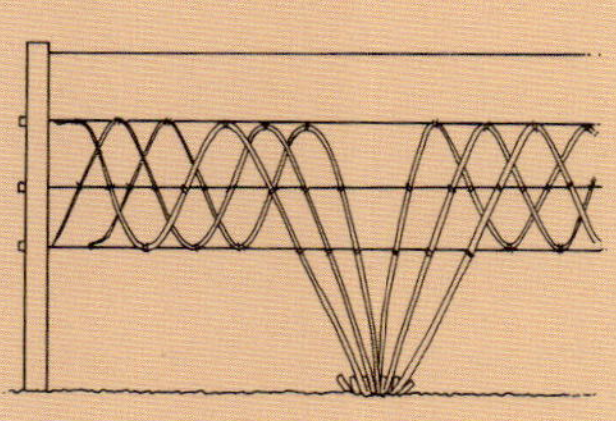

NUTZGARTEN
ERNTEN UND UMGRABEN

Viele Äpfel lassen sich nur wenige Wochen lagern, einige jedoch bis zum nächsten Frühjahr. Im Gemüsegarten müssen weiterhin die letzten Gemüsepflanzen ausgehoben werden. Falls Sie noch kein Gemüsebeet besitzen, wäre jetzt der richtige Zeitpunkt, ein solches anzulegen.

Äpfel und Birnen pflücken

Nur wenige Apfel- und Birnensorten reifen erst im Spätherbst, die meisten sind Ende der Herbstmitte pflückreif. Die folgenden Apfelsorten lassen sich gut lagern, manche sogar bis zum Spätfrühling: 'Berlepsch', 'Golden Delicious', 'Elstar' und 'Boskop'. Verwenden Sie nur unbeschädigte Exemplare, wickeln Sie sie einzeln in Pergamentpapier und lagern Sie sie in Kisten mit je einer Lage an einem kühlen Ort (Garage, Keller oder Schuppen). Sie können aber auch je sechs Äpfel in einen Gefrierbeutel geben, mit einem Bleistift mehrere Löcher in den Beutel stechen und ihn locker verschließen, sodass eine kleine Öffnung bleibt. Diese Methode eignet sich gut für Sorten, die leicht schrumpeln. Dagegen lassen sich Birnen nicht gut lagern und müssen täglich kontrolliert werden, da sie ausgereift innerhalb von ein oder zwei Tagen verfaulen können.

UNTEN: **Äpfel sind pflückreif, wenn man die Früchte leicht anhebt und dreht und der Stiel sich dann mühelos vom Zweig löst.**

Gemüsepflanzen entfernen

In der Herbstmitte stellen die meisten Gemüsesorten wie Stangenbohnen, Sommerkohlarten und Speisekürbisse ihre Produktion ein. Die Pflanzen aus dem Beet nehmen und kompostieren (sofern sie keine Krankheiten aufweisen). Harte, verholzte Strünke wie bei manchen *Brassica*-Sorten zersetzen sich nur langsam und sollten zerkleinert werden. Sobald eine Pflanzenreihe abgeerntet ist, den Boden umgraben und etwas Kompost oder Dünger unterarbeiten.

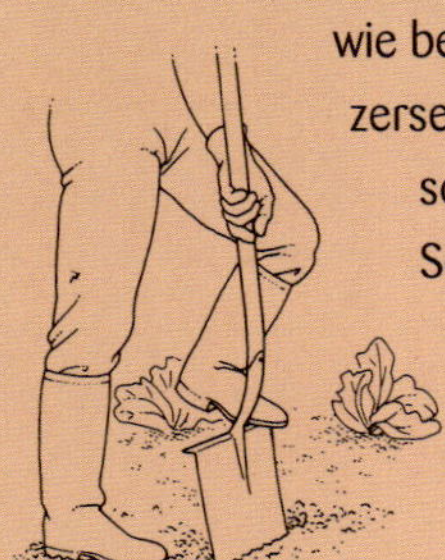

Ein neues Gemüsebeet anlegen

Selbst gezogenes Gemüse ist eine schmackhafte Bereicherung des Speiseplans. Während sich manche Gemüsearten auch in Kübeln kultivieren lassen, bietet ein eigenes Gemüsebeet mehr Möglichkeiten zum Ausprobieren neuer Sorten. Das Beet sollte so groß sein, dass Sie es mühelos bearbeiten können.

1 Der Rasen muss zuerst entfernt werden. Dazu mit einem Halbmond-Kantenstecher parallele Linien in den Rasen stechen und die Grasdecke mit einem scharfen Spaten von der darunter befindlichen Erde trennen (rechts).

2 Sind die Soden von guter Qualität, können sie woanders neu verlegt oder sogar verkauft werden. Anderenfalls stapelt man sie kopfüber, bis sie sich in hochwertige Blumenerde verwandelt haben.

3 Das freigelegte Beet muss nun sorgfältig umgegraben werden, entweder von Hand (links) oder mit einem Motorkultivator. Die Arbeit mit diesen Geräten geht zwar schneller und leichter von der Hand, aber das sogenannte Doppelgraben (zwei Spaten tief umgraben) liefert langfristig bessere Ergebnisse. Diese Arbeit gegebenenfalls über mehrere Wochen verteilen.

4 Während des Umgrabens möglichst viel Gartenkompost unter die Erde arbeiten, um die Ertragsfähigkeit und die Bodenstruktur zu verbessern (bei schweren Böden die Drainage und bei leichten die Feuchtigkeitsspeicherung). Das Beet über Winter grob umgegraben liegen lassen, damit der Frost große Erdklumpen aufbricht.

OBEN: **Einzeln eingewickelte Äpfel lassen sich besser lagern, da eventuelle faule Stellen nicht sofort auf die anderen Früchte übertragen werden. Bewahren Sie nur makellose Exemplare auf.**

5 Bodenuntersuchungen liefern wichtige Informationen zur Bodenbeschaffenheit (pH-Wert und Nährstoffgehalt). Während der pH-Wert anzeigt, ob der Boden eher sauer oder basisch ist und eventuell durch Kalkung verändert werden sollte, ist die Nährstoffanalyse weniger zuverlässig.

HERBSTMITTE

SPÄTHERBST

Während die Aufräumarbeiten und die Frostschutzmaßnahmen für empfindliche Pflanzen weiterhin andauern, müssen jetzt Vorbereitungen für das nächste Frühjahr getroffen werden: Es wird Zeit, zu pflanzen und Samenbestellungen loszuschicken.

In dieser Jahreszeit wird vielen Menschen wieder richtig bewusst, wie kurz die Tage inzwischen sind. Viele Gärtner bekommen ihren Garten nur am Wochenende bei Tageslicht zu sehen, sodass alle anfallenden Aufgaben an diesen beiden kurzen Tagen erledigt werden müssen – vorausgesetzt, das Wetter spielt mit. Glücklicherweise sind aber nur wenige Arbeiten unaufschiebbar.

Wichtig ist der Frostschutz für empfindliche Pflanzen, bevor die kälteste Jahreszeit, der Winter mit seinen lang anhaltenden Minustemperaturen, anbricht. Und vergessen Sie nicht, Wasseranschlüsse und -leitungen im Freien ebenfalls sorgfältig zu isolieren. Durch Herbststürme verursachte Schäden bei Pflanzen und Gartenbestandteilen gilt es sofort zu beheben. Zäune sind besonders anfällig und müssen regelmäßig überprüft werden, und auch Gartenschuppen zeigen jetzt häufig Abnutzungserscheinungen. Befestigen Sie lose Dachpappe und kontrollieren Sie von innen, ob das Dach leckt und dementsprechend umgehend repariert werden sollte. Schließlich sollen nicht nur Ihre Gartengeräte (inklusive Dünger u.Ä.) trocken überwintern, sondern auch Ihre eigenen Erzeugnisse wie Obst und Wurzelgemüse.

OBEN: **Die dunkelblauen Blüten des Herbstenzians *(Gentiana sino-ornata)* bereichern das Farbschema des Gartens.**
LINKE SEITE: **Dieser Lorbeerschneeball *(Viburnum tinus* 'Eve Price') besitzt schaumig-fedrige Blüten.**

Da Unkraut keine Jahreszeit zu kennen scheint und ungehindert wächst, müssen Sie auch im Herbst und Winter weiterhin jäten.

ZIERGARTEN
ALLGEMEINE ARBEITEN

Chrysanthemen sollten jetzt herausgenommen und ihre Wurzeln in Kisten überwintert werden, damit im Frühling junge Stecklinge zur Verfügung stehen. Mit dem Schneiden von Steckhölzern brauchen Sie dagegen nicht bis zum Frühjahr zu warten, sie können schon jetzt geschnitten werden.

Chrysanthemenwurzeln

Einige Sorten der sogenannten Gartenchrysanthemen *(Chrysanthemum, Dendranthema)* sind zwar winterhart, doch die besten Pflanzen erzielt man mit Stecklingen im Frühling. Schneiden Sie die Triebe nach der Blütezeit auf 15 cm Länge zurück, heben Sie die Wurzeln vorsichtig mit einer Grabegabel aus dem Beet, schütteln Sie überschüssige Erde ab und überwintern Sie sie in einer Kiste mit fast trockener Topferde.

Bewahren Sie die Kiste an einem frostfreien Ort (Gewächshaus, Frühbeet, Schuppen, Garage) auf und halten Sie die Pflanzen fast trocken. Erst zur Wintermitte müssen sie in ein beheiztes Gewächshaus geholt und gegossen werden, damit sie zu wachsen beginnen. Falls Sie verschiedene Sorten überwintern, versehen Sie jede Pflanze mit einem Etikett.

RECHTS: **Chrysanthemen stellen in dieser Jahreszeit ihr Wachstum ein. Man kann sie zurückschneiden und die Wurzeln aus der Erde nehmen.**

Steingartenpflanzen vor Regen schützen

Flachwüchsige Steingartenpflanzen sind gut gegen Kälte gewappnet, vertragen aber keine große Feuchtigkeit, sodass man sie mit einer Glas- oder Plexiglasscheibe vor Regen schützen sollte. Die Scheibe zwischen eingekerbte Holzpfähle schieben oder auf zwei Ziegelsteine legen (und zur Sicherheit beschweren). Die Luft um die Pflanzen sollte gut zirkulieren können.

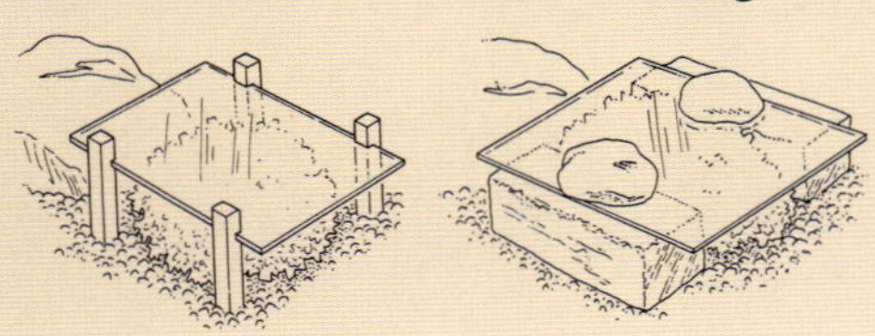

Steckhölzer schneiden

Viele Gartensträucher lassen sich mithilfe von Steckhölzern vermehren, die sich im Allgemeinen gut bewurzeln und wenig Pflege benötigen. Ein Frühbeet eignet sich hervorragend zum Überwintern der Stecklinge – man kann sie aber auch an einen geschützten Standort im Garten setzen, solange dieser auch Schutz vor zu viel Regen bietet. Während einige Steckhölzer bereits im nächsten Frühjahr Wurzeln treiben, kann es bei anderen zwölf Monate und länger dauern.

1 Nur gesunde Triebe des jeweiligen Jahres nehmen, die etwa bleistiftdick sind. Schwache Triebe ergeben keine kräftigen Stecklinge.

2 Bei laubabwerfenden Sträuchern alle Blätter entfernen, die noch nicht abgefallen sind (rechts). Die Triebe in 15 cm lange Teilstücke unterteilen, die dünne Spitze wegwerfen. Bei den Steckhölzern oben und unten nicht verwechseln.

3 Bei immergrünen Sträuchern bei jedem Steckholz alle Blätter bis auf die Blätter am oberen Drittel entfernen, das untere Ende sorgfältig in Bewurzelungshormone tauchen (unten) und in ausreichend große Töpfe mit feuchter, sandiger Anzuchterde stecken. Die Töpfe ins Frühbeet oder an einen geschützten Standort im Garten stellen.

4 Folgende Sträucher und Bäume sind geeignet: Aukube *(Aucuba)*, Schmetterlingsstrauch *(Buddleja)*, Buchsbaum *(Buxus)*, Quitte *(Cydonia)*, Goldglöckchen *(Forsythia)*, Sommerjasmin *(Philadelphus)*, Weide *(Salix)*, Holunder *(Sambucus)*, Spierstrauch *(Spiraea)*, Schneeball *(Viburnum)*, Rebe *(Vitis)* und Weigelie *(Weigela)*.

Beete aufräumen

Blumenbeete weiterhin aufräumen, abgestorbene Triebe zurückschneiden und abgestorbene Blätter entfernen, da sonst eine Reihe von Gartenschädlingen, vor allem Schnecken, darunter überwintern und im nächsten Frühling enorme Schäden verursachen können – vor allem wenn sie sich auf die jungen, zarten Schösslinge stürzen, die dann erscheinen.

RASEN UND WASSERGARTEN
ALLGEMEINE ARBEITEN

Viel benutzte Rasenflächen zeigen jetzt Abnutzungserscheinungen, da sich der Boden bei feuchtem Wetter zunehmend verdichtet. Mähen Sie ein letztes Mal, bevor Sie den Rasenmäher warten lassen. Dagegen erfordert der Teich kaum Pflege, solange es nicht ausgesprochen kalt wird.

OBEN: **Verdichtete Rasenflächen sollten nun unbedingt mit einer Grabegabel belüftet werden – für eine bessere Drainage.**

Rasen belüften

Feuchte Erde verdichtet sehr schnell, und häufig benutzte Wege über den Rasen entwickeln sich rasch zu Schlammpfaden, weil das Gras ausdünnt und schließlich ganz verschwindet. Daher empfiehlt es sich, bereits bei den ersten Abnutzungserscheinungen Gegenmaßnahmen zu ergreifen, damit das Oberflächenwasser während des ganzen Jahres abfließen kann und die Graswurzeln genügend Luft bekommen (sonst bilden sich schon bald Moosflächen).

Als Erstes sollten Sie die Trampelpfade verlegen und die verdichteten Flächen mit einer Grabegabel belüften, d.h. die Zinken etwa 10 cm tief in den Rasen stechen und leicht hin und her bewegen, um die Löcher etwas zu vergrößern. Wiederholen Sie diesen Vorgang in regelmäßigen Abständen auf der gesamten Rasenfläche.

Rasenmäher

Falls der Rasen weiterhin gewachsen ist, nun noch ein letztes Mal mähen (Klingen auf Winterschnitthöhe stellen) und dann den Rasenmäher zur jährlichen Wartung geben. Im Frühling muss man sich unter Umständen mehrere Wochen gedulden, bis man ihn zurückerhält, da alle anderen auf die gleiche Idee gekommen sind. Handwerklich erfahrene Gärtner können die Wartung natürlich auch selbst erledigen: Die Klingen müssen geschärft und neu justiert werden, damit sie das Gras sauber schneiden und nicht zerreißen – keine leichte Aufgabe, die man eventuell doch besser einem Profi überlässt.

Teiche schützen

Wenn der Gartenteich länger als nur ein paar Tage zufriert, leiden die Fische unter den giftigen Gasen, die sich unter der Eisfläche entwickeln und nicht entweichen können. Dies verhindert man am besten mit einer Teichheizung.

1 In dieser Jahreszeit muss das Teichwasser unbedingt regelmäßig von totem Pflanzenmaterial (abgestorbenen Wasserpflanzen oder herabfallenden Blättern) befreit werden. Gegebenenfalls ein Laubschutznetz über die Wasseroberfläche spannen.

2 Die Teichpumpe entfernen (rechts), sorgfältig reinigen und den Winter über an einem trockenen Ort lagern. Eine Teichheizung installieren, die einen kleinen Teil der Wasseroberfläche eisfrei hält und so einen ausreichenden Luft- und Gasaustausch gewährleistet.

3 Wer keine Teichheizung verwenden kann, kann einen Ball auf die Wasseroberfläche legen, der vom Wind hin und her getrieben wird und so ein Überfrieren hinauszögert (links). Falls der Teich dennoch zufriert, heißes Wasser über den Ball gießen, sodass man ihn herausnehmen kann und ein Loch in der Eisdecke entsteht.

4 Herkömmliche Gartenteiche frieren nur sehr selten bis zum Teichgrund vollständig durch; Miniwassergärten in Bottichen und Kübeln fehlt aber die isolierende Erdschicht. Während die Wasserpflanzen durch mehrere Lagen Luftpolsterfolie rund um die Behälter geschützt werden, müssen die Fische im Gartenhaus überwintern.

Das Füttern der Fische einstellen

Sobald die Wassertemperatur fällt, stellen die Fische ihre Aktivitäten ein und leben im Winter von gespeicherten Körperfettreserven. Erst im Frühling nehmen sie wieder Futter auf. Futter sinkt in der Ruhephase nur auf den Grund und verschmutzt das Wasser.

NUTZGARTEN
ALLGEMEINE ARBEITEN

Nachdem der erste Frost Einzug gehalten hat, beginnt allmählich die Erntezeit des Wintergemüses, das womöglich vor hungrigen Vögeln geschützt werden muss. Obwohl viele Gärtner den Fruchtholzschnitt für ein Buch mit sieben Siegeln halten, ist er im Grunde ganz einfach.

Obstbäume zurückschneiden

Apfel- und Birnbäume, die als Buschform mit offener Mitte oder als kleine Bäume kultiviert werden, lassen sich relativ leicht zurückschneiden. Beim Schnitt geht es darum, einen wohlgeformten Baum mit möglichst viel Fruchtholz und gleichzeitig vielen jungen Trieben zu erzielen, die das Fruchtholz in zukünftigen Jahren ersetzen. Entfernen Sie zuerst abgestorbene und schwache Zweige, danach Triebe, die in die Mitte wachsen, und schneiden Sie schließlich alle kräftigen, jungen Seitentriebe um etwa die Hälfte bis zwei Drittel des Holzes des laufenden Jahres zurück (je nach Wuchsfreudigkeit). Starkwüchsige Triebe sollte man weniger stark zurückschneiden, da der Winterschnitt das Wachstum fördert. Die Spitzen der Leittriebe werden nur leicht gestutzt – um ein Viertel des Holzes des laufenden Jahres. Zum Schluss entfernt man einige alte, fruchttragende Zweige, um die Bildung neuer Triebe anzuregen.

UNTEN: **Ein Astschneider ist sehr nützlich für das Zurückschneiden höherer Obstbaumtriebe – man benötigt dann keine Trittleiter.**

Wurzelgemüse ernten

Viele Wurzelgemüsesorten wie Pastinaken, Kohlrüben, Möhren und Schwarzwurzeln sind so frosthart, dass sie den Winter über im Beet verbleiben können, wo sie sich besser halten als im Keller.

Allerdings fällt das Ernten bei gefrorenen Böden extrem schwer. Daher sollte man einen kleinen Teil der Ernte jetzt herausnehmen und in Kisten mit Substrat in der Nähe des Hauses lagern, sodass sie bei kaltem Wetter gut zugänglich sind. Auch Lauch, der bei Frost kaum zu ernten ist, lässt sich auf diese Weise lagern.

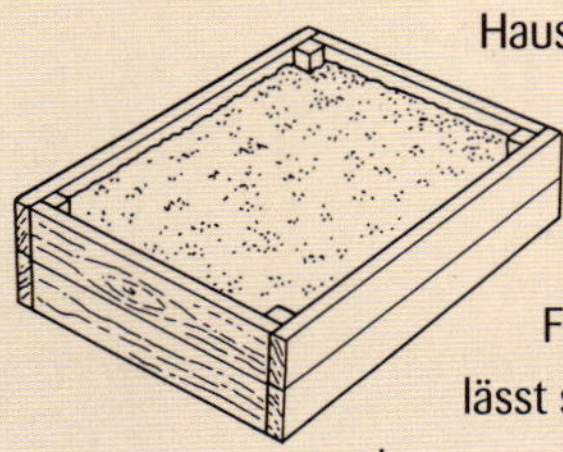

Vögel fernhalten

Ein gut angelegter Gemüsegarten enthält eine Vielzahl von Gemüsesorten, die den Speiseplan im Winter bereichern. Allerdings sollten Sie das Gemüse vor hungrigen „Mitessern" wie Vögeln und kleinen Säugetieren schützen. Dabei stehen Ihnen verschiedene Mittel zur Verfügung.

1 Kohlsorten wie Winterkohl und Rosenkohl fallen besonders häufig hungrigen Tauben zum Opfer – bei kaltem Wetter können diese Vögel Ihre Ernte innerhalb weniger Stunden komplett vertilgen.

2 Die abschreckende Wirkung von Vogelscheuchen hält nicht lange an. Besser geeignet sind glitzernde Objekte, die sich bewegen oder Geräusche machen (rechts). Einfach ein paar Streifen Alufolie oder CDs an Blumenpfähle hängen, die sich im Wind drehen und aufblitzen. Spielzeugwindräder sorgen für Bewegung und Lärm, und straff gespannte Video- und Kassettenbänder erzeugen im Wind ein tiefes Brummen.

3 Man kann aber auch zwischen mehreren Pfählen Gartenschnüre im Zickzackmuster über das Gemüse spannen oder ein Schutznetz darüber drapieren, das an den Rändern befestigt wird, damit es nicht fortweht (unten).

4 In Regionen mit starker Taubenpopulation bietet sich ein Käfig an, in dem das Gemüse dann ungestört wächst. Das feinmaschige Netz im Winter durch ein grobmaschiges ersetzen, damit sich darauf kein Schnee sammelt und durch sein Gewicht das Netz beschädigt.

Rosenkohl und Pastinaken

Rosenkohl und Pastinaken sollen einer alten Gärtnerregel zufolge erst nach dem ersten Frost geerntet werden, weil sie dann besser schmecken. Über diese Frage lässt sich sicherlich streiten – aber es steht fest, dass beide Gemüsesorten extrem frosthart sind und daher den ganzen Winter über geerntet werden können.

SPÄTHERBST

NUTZGARTEN
PFLANZEN UND SÄEN

Kartoffeln sorgen nun für eine willkommene Abwechslung auf dem herbstlichen Speiseplan. Denken Sie daran, jetzt auch Saatkartoffeln für die Frühjahrsaussaat zu bestellen. Und so unwahrscheinlich es klingen mag: Jetzt ist der richtige Zeitpunkt für die Aussaat einiger Freilandgemüsesorten.

Erbsen und Bohnen säen

Wählen Sie winterharte Erbsen- und Bohnensorten und säen Sie sie an einem geschützten Standort mit durchlässigem Boden – die Sämlinge sorgen dafür, dass Sie bereits im Spätfrühling ernten können. Bei schweren Böden besteht die Gefahr, dass das Saatgut verfault. In diesem Fall sät man besser in Kübel oder Blumenkästen in einem ungeheizten Gewächshaus und härtet die Sämlinge im Frühling ab (die Erntezeit setzt dann ein wenig später ein).

Säen Sie die Bohnen mit jeweils 10–15 cm Abstand sowie mit 30 cm Reihenabstand und die Erbsen mit 5–8 cm Abstand und etwas geringerem Reihenabstand. Erkundigen Sie sich in Ihrem örtlichen Gartencenter nach den für Ihre Region am besten geeigneten Sorten.

UNTEN: **Bestimmte Bohnensorten können jetzt im Spätherbst gesät werden, damit sie bereits im nächsten Spätfrühling ihre Hülsenfrüchte hervorbringen.**

Im Sommer gepflanzte Kartoffeln

Speziell präparierte, kältebehandelte Saatkartoffeln, die im Sommer gepflanzt wurden, bringen nach zwei bis drei Monaten ihre Ernte hervor. Ein wenig Erde beiseitekratzen und die Knollen prüfen. Wenn die Mehrheit eine zum Verzehr geeignete Größe erreicht hat, kann man sie nach Bedarf ernten. Bei mildem Wetter werden manche Knollen noch dicker, doch die meisten haben ihr Wachstum jetzt beendet. Nicht alle Kartoffeln gleichzeitig ernten, da sie sich bis zur Wintermitte am besten im Boden lagern lassen (mit Stroh vor Frost schützen).

Obstbäume und -sträucher pflanzen

Dank der Entwicklung schwachwüchsiger Wurzelstöcke können Apfel- und Birnbäume jetzt selbst in kleinen Gärten angepflanzt werden. Aber auch Beerensträucher wie Johannis- und Stachelbeeren sind relativ pflegeleicht und bringen im Sommer köstliche Früchte hervor.

1 In allen Fachgärtnereien und -baumschulen ist eine Vielzahl standortgerechter Obstbaumsorten erhältlich, die meist als wurzelnackte Exemplare geliefert werden. Dagegen halten Gartencenter eine etwas kleinere Auswahl an Obstgehölzen mit Wurzelballen im Container bereit.

2 Ein Pflanzloch ausheben, in dem die Wurzeln ausgebreitet Platz finden und in dem der Baum später genauso tief steht wie in der Baumschule. Den Grund des Lochs anhäufeln und etwas gut verrotteten Kompost oder Pflanzsubstrat hinzufügen.

3 Einen kurzen Pfahl in den Boden treiben, den Baum in das Loch setzen und die Wurzeln ausbreiten (oben).

4 Die ausgehobene Erde nach und nach wieder in das Loch füllen, dabei den Baum leicht hin und her bewegen, damit sich die Erde um die Wurzeln verteilt. Die Erde jeweils leicht antreten (oben).

5 Zum Schluss den Baum mit Baumband am Pfahl befestigen. Obststräucher werden ebenso gepflanzt. Bei Kübelpflanzen den Wurzelballen mehrere Stunden zuvor gießen, dann vorsichtig herausnehmen, einsetzen und gut in der Erde verankern (oben).

OBEN: **Kirschbäume wie die beliebte Sorte 'Schattenmorelle' gedeihen besonders gut an geschützten Mauern oder Zäunen.**

HERBST IM ÜBERBLICK
AUFGABEN UND PFLANZEN

Frühherbst

ALLGEMEIN
- Auf Pilzkrankheiten achten.
- Abgefallenes Laub zusammenrechen.
- Gartenmöbel reinigen und einräumen.

ZIERGARTEN
- Frühlingszwiebelblumen pflanzen.
- Winterharte Einjährige zur Überwinterung säen.
- Stecklinge von Immergrünen schneiden, immergrüne Sträucher pflanzen.
- Frostempfindliche Pflanzen vor dem ersten Frost ins Haus stellen. Weniger empfindliche im Freien schützen.
- Einjährige Sommerblumen durch Frühlingsblüher ersetzen.
- Kübel leeren, mit Zwiebelgewächsen und Frühlingsblühern neu bepflanzen.
- Im Herbst blühende Stauden und Zwiebelgewächse unkrautfrei halten.
- Pflanzstellen für wurzelnackte Bäume und Sträucher vorbereiten.
- Zierbeeren vor Vögeln schützen.
- Stecklinge von altmodischen Strauchrosen schneiden.
- Stützen und Befestigungen von Bäumen kontrollieren.

RASENFLÄCHEN
- Neue Rasenflächen einsäen.
- Ausharken, belüften, düngen.
- Kahle Stellen, unsaubere Kanten, Dellen und Buckel beseitigen.

WASSERGARTEN
- Netze über Teiche spannen, damit kein Herbstlaub hineinfällt.
- Empfindliche Teichpflanzen vor dem ersten Frost ins Haus holen.

NUTZGARTEN
- Frühlingskohl pflanzen.
- Haupternte der Kartoffeln.
- Winterkohl bei Bedarf stützen.
- Haupternte von Möhren, Roten Beten.
- Sämlinge ausdünnen.
- Freilandtomaten ernten.
- Kürbisse vor dem ersten Frost ernten.
- Wintersalat im Frühbeet oder unter Folientunnel säen.
- Steckzwiebeln für die frühe Ernte pflanzen.

Herbstmitte

ALLGEMEIN
- Laub zusammenharken und kompostieren.
- Gartenabfälle beseitigen, um Krankheiten und Schädlingen vorzubeugen.
- Empfindliche Zierpflanzen vor Regen und Kälte schützen. Auf Frostwarnungen achten.

ZIERGARTEN
- Staudenbeete abräumen, Pflanzen teilen. Mit Knochenmehl düngen.
- Tulpen, Hyazinthen und Lilien pflanzen, sobald sie erhältlich sind.
- Rosenblätter mit Pilzbefall entfernen und verbrennen.
- Wurzelnackte Bäume und Sträucher pflanzen.
- Dahlien ausgraben und einlagern, wenn die Blätter sich durch Frost schwarz färben.
- Gladiolen und Knollenbegonien ausgraben und einlagern.
- Letzte Frühlingsbeetpflanzen setzen.
- Frisch gepflanzte Sträucher vor starkem Wind schützen.

RASENFLÄCHEN
- Laub rechen, nach Bedarf mähen und schadhafte Stellen nachsäen.
- Kompost streuen.
- Neue Rasenflächen anlegen.

WASSERGARTEN
- Tauchpumpen aus Teichen nehmen, reinigen und einlagern.
- Teich- und Uferpflanzen ausputzen, Blätter aus dem Wasser entfernen.

NUTZGARTEN
- Weiter Obst und Gemüse ernten und verwerten.
- Abgeerntete Gemüsepflanzen entfernen. Organische Substanz untergraben.
- Letzten Frühlingskohl pflanzen.
- Verholzte Stecklinge von Beerensträuchern schneiden.
- Rhabarber pflanzen.
- Schwarze Johannisbeeren, Brombeeren und deren Hybriden schneiden.

Spätherbst

ALLGEMEIN
- Bepflanzung von Lücken in Beeten planen.
- Wasserrohre und -hähne im Freien vor Frost schützen.
- Feuerhaufen vor dem Anzünden kontrollieren – darin überwintern oft Igel.

ZIERGARTEN
- Beete aufräumen. In kalten Regionen oberirdische Pflanzenteile als Frostschutz stehen lassen. Rosen leicht schneiden, damit Herbststürme sie nicht losreißen.
- Weiter wurzelnackte Bäume und Sträucher pflanzen.
- Verholzte Stecklinge von Sträuchern schneiden.
- Alpine Pflanzen vor Regen schützen.
- Chrysanthemen ausgraben und einlagern, um im Frühling Stecklinge zu haben.
- Letzte Tulpen und Hyazinthen pflanzen.
- Weiterhin Unkraut bekämpfen.
- Den Steingarten aufräumen.

RASENFLÄCHEN
- Falls nötig, letzter Schnitt. Dann den Mäher zur Inspektion geben. Messer schärfen lassen.
- Verdichtete Flächen belüften.
- Bei mildem Wetter noch einsäen.

WASSERGARTEN
- Eisfreihalter anbringen. Fische nicht mehr füttern.

NUTZGARTEN
- Große Bohnen und frostharte Erbsen zur Überwinterung säen.
- Freie Beete umgraben.
- Pastinaken und Rosenkohl ernten.
- Im Sommer gepflanzte Kartoffeln ernten. Pflanzkartoffeln bestellen (spezielle Versandhändler bieten ein großes Sortenangebot).
- Neue Obstbäume und -sträucher pflanzen. Obstbaumschnitt beginnen.
- Unkraut bekämpfen.
- Winterkohl vor Vögeln schützen.

Zierpflanzen der Saison

Frühherbst

BÄUME UND STRÄUCHER

Caryopteris x clandonensis (Bartblume)
Ceanothus (Säckelblume)
Clerodendrum bungei, C. trichotomum (Losstrauch)
Erica (Heide)
Hebe (Strauchveronika)
Hydrangea macrophylla (Hortensie)
Leycesteria formosa (Leycesterie)
Malus (Apfel, Zierapfel)
Perovskia atriplicifolia (Perowskie)
Rosa (Rose, Blüten und Hagebutten)

STAUDEN UND BEETPFLANZEN

Achillea (Schafgarbe)
Aconitum napellus (Eisenhut)
Anemone hybrida (Anemone)
Aster (Aster)
Eryngium (Riesen-Mannstreu)
Helenium (Sonnenbraut)
Hemerocallis (Taglilie)
Kniphofia (Fackellilie)
Rudbeckia (Sonnenhut)
Schizostylis coccinea (Spaltgriffel)
Sedum spectabile (Fetthenne)
Solidago (Goldrute)

ZWIEBELGEWÄCHSE

Amaryllis belladonna (Belladonnenlilie)
Colchium (Herbstzeitlose)
Crinum x *powellii* (Hakenlilie)
Crocosmia crocosmiiflora (Montbretie)
Crocus (Krokus, Herbstsorten)
Cyclamen (Alpenveilchen)
Nerine bowdenii (Nerine)

OBEN: **Die an Gänseblümchen erinnernde Sonnenbraut.**

Herbstmitte

BÄUME UND STRÄUCHER

Acer (Ahorn)
Berberis (sommergrün) (Berberitze)
Cercidiphyllum japonicum (Katsurabaum)
Cotoneaster (Zwergmispel)
Erica (Heide)
Euonymus alatus, E. europaeus und andere (Spindelstrauch)
Fothergilla major (Federbuschstrauch)
Gaultheria mucronata (Scheinbeere)
Hamamelis (Zaubernuss)
Hippophaë rhamnoides (Sanddorn)
Hydrangea quercifolia (Hortensie)
Malus (Apfel, Zierapfel)
Parthenocissus (Jungfernrebe)
Pyracantha (Feuerdorn)
Rosa (Rose, Hagebutten)
Skimmia (Skimmie)
Sorbus (Eberesche)
Vitis coignetiae, V. vinifera (Wein)

STAUDEN

Aconitum napellus (Eisenhut)
Anemone hybrida (Anemone)
Aster (Aster)
Gentiana sino-ornata (Enzian)
Liriope muscari (Liriope)
Physalis alkekengi var. *franchettii* (Lampionblume)
Sedum spectabile (Fetthenne)

ZWIEBELGEWÄCHSE

Amaryllis belladonna (Belladonnenlilie)
Colchium (Herbstzeitlose)
Crinum x *powellii* (Hakenlilie)
Cyclamen (Alpenveilchen)
Galanthus reginae-olgae (Herbst-Schneeglöckchen)
Nerine bowdenii (Nerine)
Schizostylis coccinea (Spaltgriffel)

LINKS: **Der Spaltgriffel blüht noch sehr spät im Jahr. Die Sorte 'Sunrise' hat zarte, pinkfarbene Blüten.**

Spätherbst

BÄUME UND STRÄUCHER

Aucuba japonica (Aukube)
Berberis (Berberitze)

Callicarpa (Schönfrucht)
Clematis orientale, C. tangutica
Cornus alba (Hartriegel)
Cotoneaster (Zwergmispel)
Fatsia japonica (Zimmeraralie)
Gaultheria mucronata (Scheinbeere)
Jasminum nudiflorum (Winterjasmin)
Leycesteria formosa (Leycesterie)

LINKS: **Sonnenblumen haben zur Blütezeit aufgrund ihrer Größe einen dramatischen Auftritt.**

Malus (Apfel, Zierapfel)
Prunus x subhirtella 'Autumnalis' (Higan-Kirsche)
Pyracantha (Feuerdorn)
Rosa (Rose, Hagebutten)
Salix alba var. *vitellina* 'Britzensis' (Weide)
Skimmia (Skimmie)
Sorbus (Eberesche)
Symphoricarpos (Schneebeere)
Vaccinium (Heidelbeere)
Viburnum (Schneeball)

STAUDEN

Aster (Aster)
Helianthus (Sonnenblume)
Gentiana sino-ornata (Enzian)
Iris unguicularis (Iris)
Liriope muscari (Liriope)

ZWIEBELGEWÄCHSE

Colchium (Herbstzeitlose)
Crocus (Krokus, Herbstsorten)
Cyclamen (Alpenveilchen)
Galanthus reginae-olgae (Herbst-Schneeglöckchen)
Nerine bowdenii (Nerine)
Schizostylis coccinea (Spaltgriffel)
Sternbergia lutea (Goldkrokus)

FRÜHWINTER

Das Wetter ist im Winter ausgesprochen launisch: Durchdringende, eisige Winterstürme wechseln sich ab mit endlosen, deprimierenden Regenphasen und milden, ruhigen Sonnentagen, die fast an den Frühherbst erinnern. Zum Arbeiten im Garten eignen sich nur die trockenen Tage.

Besitzer eines Gewächshauses dürfen sich in dieser Jahreszeit besonders glücklich schätzen – unabhängig vom Wetter lässt es sich im Treibhaus relativ komfortabel arbeiten. Und im Gegensatz zur trüben Szenerie im Freien können im Gewächshaus farbenfrohe Zwiebelgewächse, Topfpflanzen und Sämlinge vorherrschen.

Obwohl das Gras jetzt nicht mehr wächst und der Rasenmäher den Winter über im Geräteschuppen steht, sollten Sie Ihren Rasen nicht vollkommen ignorieren: Der Frühwinter ist die Jahreszeit, die dem Gras am stärksten zusetzt. Daher sollten Sie bei auftretenden Schäden am besten umgehend handeln.

Während die Vogelwelt zu anderen Zeiten eine wahre Plage sein kann, sind Vögel im Winter meist willkommen, weil sie den Garten mit Leben erfüllen. Wer möchte, kann jetzt mit dem Füttern der gefiederten Freunde beginnen. Allerdings sollte man dies bis zum Frühjahr fortsetzen, da die Vögel sich auf die milden Gaben verlassen. Und stellen Sie auch genügend Trinkwasser und ein Vogelbad zur Verfügung – vor allem bei Frostwetter.

Wirkt der Garten zu trist, bepflanzen Sie doch einfach ein paar Kübel mit winterharten Gewächsen wie blühenden Stiefmütterchen *(Viola)*, Heidekraut *(Calluna)* und panaschierten Blattpflanzen. Im Nutzgarten können weiterhin Wintergemüse geerntet und Obstbäume geschnitten werden.

OBEN: **Jetzt ist der richtige Zeitpunkt zum Säubern der Blumenbeete: Unkraut und abgestorbene Pflanzenreste bilden einen idealen Unterschlupf für Schnecken, die die ersten Jungtriebe fressen.** LINKE SEITE: **Die süß duftenden, hellgelben Blüten der *Mahonia japonica* erscheinen den ganzen Winter – auch bei kältestem Wetter.**

FRÜHWINTER
ALLGEMEINE ARBEITEN

Wenn Sie die Vögel in Ihrem Garten jetzt füttern, werden sie sich im Frühling und Sommer durch das Vertilgen von Insektenschädlingen revanchieren. Fische in zugefrorenen Teichen tragen erhebliche Schäden davon, wenn die Wasseroberfläche länger als ein oder zwei Tage versiegelt bleibt.

Füttern von Vögeln

Mit sinkenden Temperaturen wird es für Vögel immer schwieriger, ausreichend Nahrung zu finden: Es gibt nicht nur weniger Insekten, Früchte und Beeren im Garten, auch die Stunden mit Tageslicht, in denen sie Nahrung suchen können, nehmen ab. Vor allem bei kleineren Vogelarten entscheiden regelmäßige Futtergaben über Leben und Tod.

Am besten verwenden Sie eine Futterstelle mit Überdachung (damit das Futter trocken bleibt), die frei steht und vor Katzen geschützt ist. Füllen Sie erst dann wieder Futter nach, wenn die Vögel alles aufgepickt haben, da überschüssige Nahrung Ungeziefer anlockt. Besonders geeignet sind Erdnüsse, eingeweichte Brotkrumen, Äpfel, Talg, Haferflocken, frische (nicht getrocknete) Kokosnuss, Samen usw. Im Handel sind für die verschiedenen Vogelarten und Futtersorten auch spezielle Futterspender erhältlich, die für Eichhörnchen unzugänglich sind.

UNTEN: **Vögel im Garten sollten bis zum Frühjahr regelmäßig gefüttert werden, da die Tiere sich an die Futtergaben gewöhnen und darauf vertrauen.**

Beete umgraben

Das Umgraben der Beete ist sehr anstrengend und sollte daher über mehrere Wochen verteilt werden. Möglichst viel organisches Material unter die Erde arbeiten, vor allem bei leichten und schweren Böden. Auch Gartenkompost, Stallmist, Pilzsubstrat, verblühte Hopfenblüten u.Ä. verbessern die Bodenstruktur, sodass Wasser bei leichten Böden stärker gespeichert wird und bei schweren Böden besser abfließt. Statt der Grabegabel kann man natürlich auch einen motorgetriebenen Kultivator verwenden, sobald das Beet für die erneute Bepflanzung geräumt ist.

Rasenflächen vor übermäßiger Abnutzung schützen

Kaltes, feuchtes Wetter begünstigt Schäden bei Rasenflächen, weil der Boden schneller verdichtet und das Gras sich nicht erholen kann. Ein häufig benutzter Trampelpfad quer über den Rasen wird im Winter deutlicher sichtbar, da dort das Gras ausdünnt, bis nur noch kahle Stellen zurückbleiben. Natürlich wäre es für den Rasen am besten, wenn er überhaupt nicht mehr betreten würde, doch da dieses wahrscheinlich nicht gelingt, sollte man einfach einen befestigten Weg anlegen.

Ein naturnaher Weg aus Trittsteinen ist weniger auffällig als ein durchgehend befestigter Weg und passt im Grunde zu jedem Gartenstil. Geschwungene Pfade sind sehr attraktiv, sollten aber nicht zu sehr von dem direkten Trampelpfad abweichen, da sie sonst nicht benutzt werden.

1 **Die Steine in Schrittweite verlegen. Den ersten Trittstein verlegen und seinen Umfang mit einem Halbmond-Kantenstecher markieren (oben links). Die Grasdecke mit einem Spaten abtrennen, den Boden ausheben und eine dünne Sandschicht einstreuen.**

2 **Den Trittstein wieder einsetzen – die Oberfläche sollte etwas unterhalb des Rasens liegen, damit die Rasenfläche gemäht werden kann. Der Trittstein muss plan liegen und mit einem Hammerstiel o. Ä. festgeklopft und verankert werden (oben rechts).**

Zugefrorene Teiche auftauen

Wenn ein Teich länger als zwei Tage zugefroren ist, sollte man die Eisdecke öffnen, damit sich entwickelnde giftige Gase die Fische nicht schädigen können. Jedoch kein Loch hineinschlagen, weil die dadurch verursachten Druckwellen die Tiere verletzen könnten. Stattdessen einen Topf mit kochendem Wasser auf die Eisdecke stellen. Den Vorgang gegebenenfalls mehrfach wiederholen, bis das Eis getaut ist. Eine Teichheizung verhindert, dass das Wasser wieder zufriert.

ZIERGARTEN
ALLGEMEINE ARBEITEN

Im Frühwinter können Mauern hinter laubabwerfenden Kletterpflanzen gereinigt werden. Sie werden überrascht sein, wie viele Schädlinge sich hinter dem Gewirr aus Zweigen und Trieben verstecken. Kübel und Töpfe können nun mit einer interessanten Winterbepflanzung versehen werden.

Winterbepflanzungen für Kübel

Viele Gärtner vertrauen im Sommer auf attraktive Kübelpflanzen, um Terrassen, Wege und Beetränder aufzuheitern, doch die wenigsten halten dies auch während der Wintermonate für möglich. Dabei gibt es eine Reihe von Gewächsen, die auch im Winter und selbst bei extrem kaltem Wetter einen reizvollen Anblick bieten: immergrüne Zwergsträucher (vor allem panaschierte Sorten), Zwergkoniferen, winterblühende Stiefmütterchen, Heidekraut, Zierkohl oder Kriechpflanzen wie etwa Efeu.

Als Gefäße eignen sich Kübel, Balkonkästen und sogar Blumenampeln (an geschützten Standorten). In sehr kalten Regionen sollten Sie die Gefäße von innen mit einer Lage Luftpolsterfolie isolieren, bevor Sie das Substrat einfüllen. Bereits bepflanzte Kübel schützt man ebenfalls mit Luftpolsterfolie, die mehrfach um das Gefäß gewickelt wird. Achten Sie bei der Verwendung von Terrakotta- und Tontöpfen darauf, dass sie garantiert frostbeständig sind.

Standfestigkeit von Bäumen überprüfen

Neu gepflanzte Bäume können durch Wind beschädigt werden, wenn die Pflanze hin und her schaukelt. Dadurch werden die Wurzeln gelockert, und es entsteht unterhalb des Stamms ein Loch, in dem sich Wasser sammelt – die Wurzeln verfaulen. Drücken Sie Ihre Bäume und Sträucher regelmäßig wieder fest an.

UNTEN: **Auch im Winter können Kübel und Töpfe dank immergrüner und blühender Pflanzen wie Stiefmütterchen und Primeln einen attraktiven Anblick bieten.**

Schutz junger Bäume

Neu gepflanzte Bäume in Gärten mit angrenzenden Feldern oder offenen Flächen sollten vor Hasen und anderen Tieren geschützt werden: Sie beschädigen die Rinde, was die Bäume schwächt, krankheitsanfällig macht und schlimmstenfalls absterben lässt. Den Stamm mit einem spiralförmigen Wickelschoner aus Kunststoff umgeben, der durch seine flexible Konstruktion das Wachstum des Baumes nicht einschränkt – selbst wenn man später vergisst, ihn wieder zu entfernen.

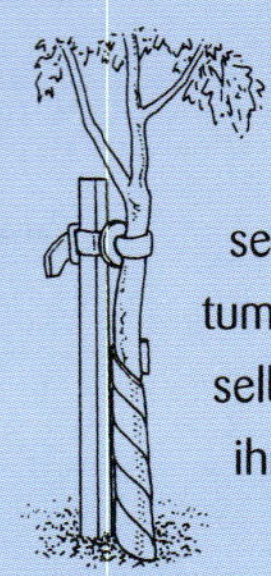

Mauerwerk hinter Kletterpflanzen

Das Erscheinungsbild nackter Mauern lässt sich mit einem Bewuchs aus Kletterpflanzen enorm verbessern. Allerdings muss das Mauerwerk hinter den Pflanzen gelegentlich gereinigt werden, damit es keinen Schaden nimmt. Und da die Kletterpflanzen im Frühwinter das Wachstum eingestellt haben, ist jetzt der richtige Moment, diese Arbeit zu erledigen.

1 Kletterpflanzen lässt man am besten an einem Spalier hochranken statt direkt an einer Wand – dies verbessert die Luftzirkulation und erleichtert den Zugang zum Mauerwerk. Das Spalier auf 5 cm dicke Holzleisten schrauben und diese an der Mauer befestigen (rechts).

2 Überlange und gegebenenfalls zu dicht wuchernde Triebe zurückschneiden, das Spalier mit der Kletterpflanze von der Mauer schrauben und abklappen. Bei mittelgroßen bis großen Spalieren sollte man sich dabei unbedingt helfen lassen.

3 Das Mauerwerk hinter Kletterpflanzen ist ein beliebtes Versteck für Schnecken. Diese zuerst entfernen und entsorgen, dann die Mauer mit einer Wurzelbürste gründlich reinigen (links).

4 Gegebenenfalls Reparaturen am Mauerwerk durchführen, dann das Spalier wieder befestigen. Statt Schrauben eventuell Haken und Ringschrauben verwenden. Der Haupttrieb der Kletterpflanze darf beim Wegklappen und erneuten Befestigen des Spaliers nicht beschädigt werden.

OBEN: **Jetzt ist der richtige Zeitpunkt, um die Standfestigkeit von Bäumen und Sträuchern zu überprüfen.**

Christrosen vor Schmutz schützen

Die winterblühende Christrose *(Helleborus niger)* bringt ihre Blüten in Bodennähe hervor, wo sie bei Regen durch Schmutzspritzer verunreinigt werden. Etwas Stroh oder ähnliches Material unter den Wurzelhals schieben, sobald die Knospen erscheinen.

NUTZGARTEN
ALLGEMEINE ARBEITEN

Solange es nicht friert, können Sie den Winterschnitt bei Obstgehölzen weiterhin durchführen und auch den Boden des Gemüsebeetes bearbeiten. Graben Sie die Erde dabei möglichst tief um und fügen Sie reichlich organisches Material hinzu.

Erbsen und Bohnen schützen

Im Herbst gesäte Erbsen- und Bohnensämlinge sollten inzwischen gekeimt haben. Obwohl die Jungpflanzen winterhart sind, können ihnen eisige und windige Witterungsverhältnisse stark zusetzen. Daher lohnt es sich, sie vor den schlimmsten Wetterkapriolen zu schützen, indem man eine Abdeckhaube aus Glas über die Reihen stellt. Die Glasscheiben halten die wärmende Sonnenstrahlung im Inneren zurück und wirken so wie ein Minitreibhaus – allerdings sind sie recht zerbrechlich und können besonders Kindern und Haustieren gefährlich werden. In diesem Fall empfiehlt sich die Verwendung eines Folientunnels, bei dem jedoch durch die Bildung von Kondenswasser Pilzerkrankungen bei den Sämlingen begünstigt werden können. Sie können aber auch transparente Abdeckfolie locker über die Sämlinge legen und an beiden Seiten sorgfältig befestigen, damit die Folie nicht vom Wind weggeweht wird.

LINKS: **Im Herbst gesäte Erbsen- und Bohnensämlinge schützt man mit kurzen Folientunneln vor Kälte und Wind.**

Große Bäume zurückschneiden

Ältere Obstbäume können sehr groß und ausladend werden, sodass der Rückschnitt Probleme bereitet. Bei der Verwendung einer Leiter auf sicheren, festen Stand achten und möglichst mit einem einwandfrei funktionierenden Astschneider mit scharfen Klingen arbeiten.

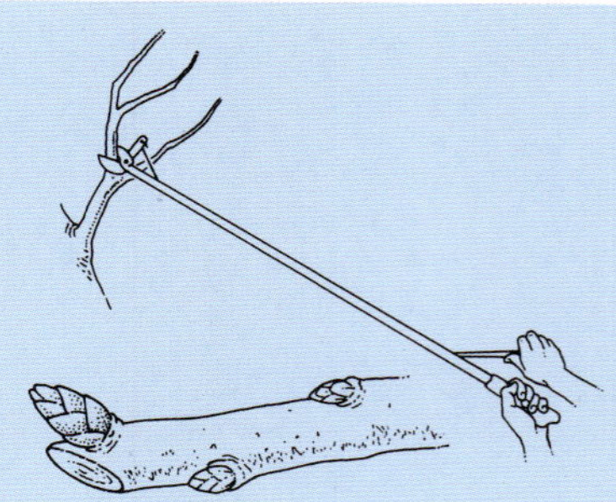

Beete umgraben

Da das Umgraben der Beete körperlich sehr anstrengend ist, sollte man größere Flächen etappenweise bearbeiten, um Rückenschmerzen zu vermeiden. Mit dieser Arbeit sollte man früh beginnen, damit der Boden möglichst lange Frost und Witterung ausgesetzt ist, die die Erde in feine Krümel aufbrechen.

1 Den Spaten an einem Beetende senkrecht und spatentief in den Boden stoßen und eine etwa 30 cm breite Furche graben (oben). Die ausgehobene Erde abtransportieren. Beim Graben den Rücken möglichst gerade halten.

2 Den Boden am Grund der Furche lockern, einen Schritt zurückgehen und eine zweite Furche graben. Die Erde nach vorne in die erste Furche werfen und dabei den Spaten drehen, um den Boden zu wenden.

3 Auf diese Weise das gesamte Beet umgraben und etwas gut verrotteten Stallmist oder Gartenkompost auf den Grund jeder Furche geben, bevor sie mit der Erde der nächsten Furche gefüllt wird. Einjährige Unkräuter können untergegraben werden, während man die Wurzeln ausdauernder Unkräuter entfernen sollte.

4 Die letzte ausgehobene Furche mit der Erde der ersten Furche füllen. Der so umgegrabene Boden wird im Laufe des Winters von Frost und auftauender Feuchtigkeit im Boden in feinkrümelige Erde aufgebrochen.

Obstgehölze zurückschneiden

Obstgehölze weiterhin wie auf Seite 124 beschrieben schneiden. Da ein Rückschnitt während der Ruheperiode im darauffolgenden Frühjahr einen kräftigen, wuchernden Wuchs auslöst, findet der eigentliche Rückschnitt bei Apfel- und Birnbäumen, die als Cordon oder Spalier gezogen werden, im Sommer statt. Im Winter sollte man sich darauf beschränken, abgestorbenes und krankes Holz zu entfernen und zu dicht stehende Triebe auszudünnen.

Dagegen dürfen Pflaumenbäume im Winter nicht gestutzt werden, da dies den „Bleiglanz“ fördert. Diese Pilzerkrankung schwächt die Bäume und bildet eine Schwammschicht auf den befallenen Zweigen, die ihre Sporen hauptsächlich im Spätherbst und Winter freisetzt. Sie dringen durch frische Schnittwunden in noch gesundes Holz ein. Daher Pflaumenbäume im Frühling und Sommer schneiden, wenn weniger Sporen durch die Luft fliegen und die Bäume die Wunde schneller versiegeln können. Die beliebte Pflaumensorte 'Victoria' ist besonders anfällig für diese Krankheit, die aber auch Mandel-, Aprikosen- und Kirschbäume befällt – allerdings mit weniger gravierenden Folgen.

WINTERMITTE

Diese Jahreszeit ist für viele Gärtner besonders unangenehm: Das Wetter vergällt jeden Aufenthalt im Freien, und obwohl die längste Nacht des Jahres bereits ein Weilchen zurückliegt, ist die Zunahme der Tageslichtstunden noch kaum wahrzunehmen.

Auch während der Ruheperiode gibt es noch viele Aufgaben im Garten: Wurzelnackte Bäume und Sträucher müssen gepflanzt bzw. eingeschlagen werden, falls der Boden bei ihrer Ankunft gefroren oder sehr nass ist. Bei frisch gepflanzten Exemplaren sollte man nach Frostperioden die Standfestigkeit überprüfen. Das lang anhaltende nasse Wetter lässt Bereiche mit verdichtetem Boden besonders deutlich hervortreten. Wenn Stunden nach dem letzten Regen noch immer Pfützen zu sehen sind, ist dies ein Zeichen dafür, dass die Drainage verbessert werden muss.

Die Wintermitte ist die Jahreszeit mit der größten Schneewahrscheinlichkeit. Zwar lässt der Schnee den Garten wunderbar strahlen und dient den Pflanzen als Isolierschicht gegen Kälte, trotzdem sollten Vorkehrungen getroffen werden, damit er Bäume und Sträucher durch sein Gewicht nicht zu sehr beschädigt.

Im Gewächshaus kann man eventuell einige Beetpflanzen durch Wurzelschnittlinge vermehren und die Frühjahrssaat für den Nutzgarten vorbereiten. Besorgen Sie sich jetzt schon alle erforderlichen Gerätschaften für die kommende, betriebsame Pflanz- und Saatzeit.

OBEN: **Die leuchtend roten Beeren des Feuerdorns *(Pyracantha)* verleihen dem winterlichen Garten zusätzliche Farbe.**

WINTERMITTE
ALLGEMEINE ARBEITEN

Der erste Schnee bedeckt unansehnliche Bereiche im Garten, doch er kann auch zu Problemen führen, zumal wenn die weiße Pracht länger liegt. In den meisten Regionen ist Väterchen Frost ein recht häufiger Gast, der eine Reihe von Nachteilen mit sich bringen kann, vor allem für Rasenflächen.

Schutz vor Schneeschäden

Bereits eine mitteldicke Schneedecke kann für immergrüne Bäume und Sträucher eine Gefahr darstellen und deren Zweige innerhalb weniger Stunden durch das Gewicht der Schneemassen abknicken lassen.

Am besten entfernen Sie den Schnee sofort mit einem Besen oder Handfeger von allen Zweigen, die unter dem Gewicht zusammenzubrechen drohen – warten Sie nicht, bis es erneut friert, da sich der Schnee dann nicht herunterfegen lässt.

Auch Tauwetter sorgt durch die schmelzenden Schneemassen für Probleme, weil der Boden das Wasser meist nicht schnell genug aufnehmen kann. Auf Rasenflächen bilden sich dann gelbe, runde Flecken, die immer größer werden und manchmal sogar von einer weißen, flaumigen Schimmelschicht bedeckt sind. Dieser sogenannte Schneeschimmel wird durch den Pilz *Fusarium nivale* verursacht. Behandeln Sie die Krankheit mit einem Rasenfungizid. Lassen Sie sich an der „Gifttheke" beraten.

Geräte aufbewahren

Gartengeräte müssen gepflegt werden, damit sie ihre Aufgaben zuverlässig erfüllen können. Der Winter ist der ideale Zeitpunkt, um sämtliche Gerätschaften in Ruhe zu überholen. Die Metallteile von Spaten und Grabegabeln werden sorgfältig von Erdresten gereinigt und mit etwas Öl eingerieben, während man die Holzgriffe mit Schleifpapier glättet, damit keine Holzsplitter entstehen. Auch die beweglichen Teile von Hecken- und Gartenscheren sollten geölt werden. Die Klingen aller Schneidegeräte (also auch von Hacken, Schuffeln und Kantenstechern) mit einem Carborundum-Wetzstein schärfen. Alle Geräte, die im Winter nicht gebraucht werden, an einem trockenen Ort lagern und schadhafte Werkzeuge reparieren oder durch neue ersetzen, bevor die Hauptwachstumsperiode beginnt.

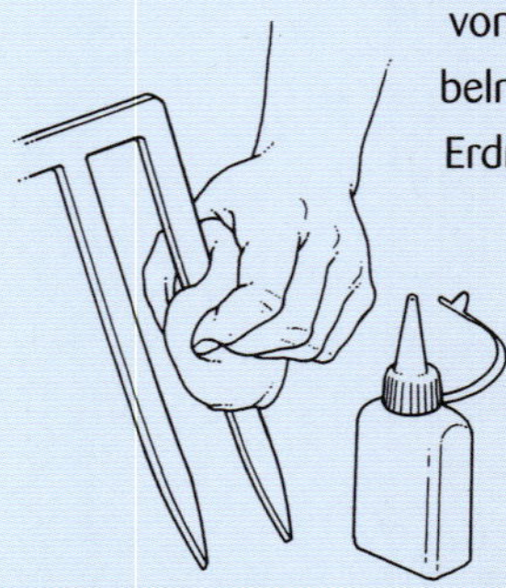

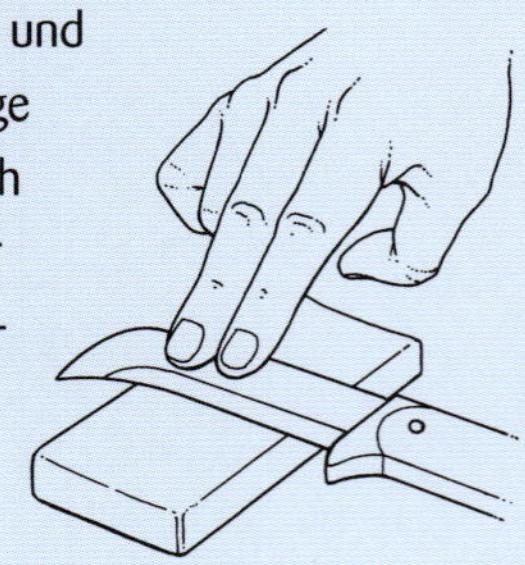

LINKS: **Eine Schneehaube ist im winterlichen Garten sehr attraktiv. Doch das Gewicht des Schnees kann zu Problemen führen.**

Ein Frühbeet errichten

Der Wert von Frühbeeten im Garten wird unterschätzt, dabei eignen sie sich hervorragend zum Überwintern nicht ganz frostharter Gewächse oder Jungpflanzen sowie zum Abhärten von Treibhauspflanzen. Im Handel sind verschiedene Aluminium- und Kunststoffmodelle erhältlich, aber Sie können auch selbst ein Frühbeet anlegen.

1 **Typische Frühbeete besitzen eine 30–50 cm hohe Rückwand aus Holz oder Ziegelsteinen, zwei nach vorne abfallende Seitenmauern, eine niedrigere Vorderwand sowie eine Abdeckung aus Glas. Meist sind sie 120 cm x 60 cm groß.**

2 **Auf Bauschuttplätzen findet man häufig preiswerte alte Fenster mitsamt Rahmen, die sich hervorragend als Abdeckung eignen. Möglichst große Fenster nehmen und danach die Mauern passend zum Rahmen errichten.**

3 **An geschützten Standorten können die Ziegel ohne Mörtel aufeinandergestapelt werden. Den Fensterrahmen auf die Mauern legen und mithilfe weiterer Ziegelsteine sichern (oben). Bei Holzwänden den Rahmen mit einem Scharnier befestigen, um die Belüftung des Frühbeetes zu erleichtern.**

4 **Das Frühbeet an kalten Tagen mit einem alten Teppich oder Sackleinen zusätzlich abdecken (links). Bei sonnigem Wetter die Scheibe zum Lüften abnehmen oder mit Hilfe von Holzkeilen arretieren. Vermeiden, dass die Abdeckung von Windstößen weggeweht wird.**

LINKS: **Durch das Betreten einer mit Reif bedeckten Rasenfläche werden die gefrorenen Grashalme zerdrückt und schwer beschädigt. Auch bei feuchtem Winterwetter sollte man sich unbedingt an Pfade und Wege halten und den Rasen möglichst nicht betreten.**

ZIERGARTEN
ALLGEMEINE ARBEITEN

Auch in der Wintermitte gibt es deutliche Anzeichen für das Wachstum von Zwiebelgewächsen. Damit sie sich richtig entfalten können, entfernen Sie Unkraut und anderes Pflanzenmaterial. Beetpflanzen, Sträucher und Bäume können nun mithilfe von Wurzelschnittlingen vermehrt werden.

Zwiebeln lagern

Viele Pflanzen mit speziellen Speicherorganen wie Zwiebeln, Stängelknollen und Knollen können den Winter über an einem kühlen, trockenen und frostfreien Ort lagern. Überwintern sie in kalter, feuchter Erde, können sie verrotten. Allerdings lässt sich dies auch dann nicht völlig ausschließen, wenn man die Speicherorgane herausnimmt.

Diese Lagerfäulnis wird von verschiedenen Pilzen und Bakterien verursacht, die sich entweder im Boden oder in der Luft befinden und im Allgemeinen zuerst beschädigte Pflanzenteile befallen. Man erkennt sie häufig an Schimmelpilzflecken oder roten, braunen bzw. schwarzen Veränderungen des Gewebes, das außerdem sehr weich oder aber besonders hart sein kann. Überprüfen Sie Ihre gelagerten Zwiebeln daher regelmäßig und bestäuben Sie sie mit einem Fungizid.

UNTEN: **Narzissenzwiebeln können während der Wintermonate an einem trockenen, frostfreien Ort in Kisten gelagert werden.**

Die ersten Frühlingsboten

Bereits jetzt schieben sich die ersten grünen Pflanzenteile der früh blühenden Zwiebelgewächse durch die Erdoberfläche. Unkraut, Blätter und andere Pflanzenteile von den Schösslingen entfernen und den umliegenden Boden mit einer Handgabel lockern. Unter Bäumen gepflanzte Zwiebeln müssen sich manchmal durch eine Moosschicht kämpfen, daher das Moos entfernen. Magere Böden erhalten nach dem Jäten etwas Universaldünger, der rund um die Zwiebeln verteilt wird.

Wurzelschnittlinge nehmen

Die Vermehrung durch Wurzelschnittlinge ist nicht so bekannt wie die Kultur neuer Pflanzen mithilfe von Blatt- oder Triebstecklingen. Wurzelschnittlinge werden von Wurzelstücken genommen und bilden ihrerseits wieder neue Wurzeln. Diese Vermehrungsmethode zählt zu den wenigen, die man im Winter während der Vegetationsruhe durchführen kann.

1 Für diese Methode eignen sich verschiedene Sträucher und krautige Pflanzen wie Ochsenzunge *(Anchusa)*, Anemonen-Hybriden *(Anemone* x *hybrida)*, Mohn *(Papaver)*, Phlox, Primel *(Primula)*, Seidelbast *(Daphne)* und Essigbaum *(Rhus typhina)*.

2 Die Wurzelschnittlinge können während der gesamten Ruheperiode genommen werden, solange der Boden nicht staunass oder gefroren ist. Die Pflanze vorsichtig aus dem Boden nehmen oder ein paar Wurzeln freilegen, falls das Gewächs sich nicht ausgraben lässt.

3 Von jeder Pflanze zwei oder drei kräftige, gesunde Wurzeln sauber abschneiden (oben) und die Erde um die Mutterpflanze wieder fest andrücken. Alle Wurzelfasern von den Wurzeln entfernen und in einen Plastikbeutel legen, damit sie nicht austrocknen.

4 Die Wurzeln in etwa 5 cm lange Stücke schneiden und das untere Ende durch einen schrägen Schnitt markieren. Die Schnittlinge in feuchtes, sandiges Vermehrungssubstrat stecken, sodass das obere Ende gerade hinausragt (oben). Im Frühbeet überwintern.

Pflanzen andrücken

Starker Frost sorgt dafür, dass sich der Boden ausdehnt und so die Wurzeln neu gepflanzter Bäume und Sträucher angehoben werden. Daher alle Pflanzen nach der Frostperiode kontrollieren und die Erde gegebenenfalls wieder festtreten.

NUTZGARTEN
ALLGEMEINE ARBEITEN

Pflanzen Sie einige interessante Beerenobststräucher und kontrollieren Sie, ob die Gemüsebeete gekalkt werden sollten. Unter Folientunneln erwärmt sich der Boden schneller, und Sie können früher aussäen. Ganz Ungeduldige stülpen über Salat-Jungpflanzen ein Marmeladenglas.

Den Boden kalken

Die meisten Pflanzen gedeihen am besten in neutralen bis schwach sauren Böden. Nur Gemüsebeete sollte man gelegentlich kalken, um den Säuregehalt des Bodens zu reduzieren. Krankheiten wie die Kohlhernie, die alle Kohlgewächse befällt, treten auf neutralen und alkalischen Böden seltener auf. Zuerst den pH-Wert des Bodens prüfen. Liegt er bei 6,5 oder höher, wird nicht gekalkt. Ohnehin ist es nicht notwendig, Gemüsebeete jährlich zu kalken, wie es früher üblich war.

Untersuchen Sie mit einem Testset aus dem Gartencenter Bodenproben aus verschiedenen Gartenbereichen (Gebrauchsanweisung beachten). Den pH-Wert des Bodens sollten Sie kennen, denn manche Pflanzen wachsen nur auf saurem Boden. Testsets für die Hauptnährstoffe (Stickstoff, Phosphor und Kalium) sind ebenfalls erhältlich, aber nicht immer verlässlich.

RECHTS: **Kalk kann in Nutzgärten das Auftreten von Kohlhernie verhindern; aber arbeiten Sie diesen Dünger nur dann unter den Boden, wenn ein pH-Test die Notwendigkeit bestätigt.**

Beerensträucher und Obstbäume

Selbst gezogenes Obst und Gemüse bereichert jeden Speiseplan, und je größer die Auswahl, desto besser. Schönwetterperioden zum Pflanzen von Obstbäumen und Beerensträuchern nutzen, gegebenenfalls neue und verbesserte Sorten ausprobieren, die jedes Jahr in den Katalogen vorgestellt werden. Besonders beliebt sind *Rubus*-Hybriden (hauptsächlich Himbeer-Brombeer-Kreuzungen) wie etwa Boysenbeere, Silvanbeere, Taybeere, Youngbeere, Sunbeere und Veitchbeere.

Saatgut für Sprossen (für die Verwendung im Salat)

Während im Winter kaum eine Salatsorte wächst, lassen sich Sprossen und Keimlinge ganz leicht ziehen. Die Keimung erfolgt innerhalb weniger Tage, und die Sprossen überraschen durch Struktur und Aroma. Außerdem enthalten viele Sprösslinge hohe Konzentrationen krebsvorbeugender Substanzen und sind daher sehr gesund. In Saatkatalogen ist die Auswahl besonders groß.

1 **Am besten ein großes Marmeladenglas mit breiter Öffnung nehmen, ein Musselintuch oder ein Stück Nylonstrumpf darauflegen und später mit einem Gummiband befestigen.**

2 **Mehrere Löffel Samenkörner in das Glas geben, mit Wasser bedecken und mehrere Stunden oder über Nacht einweichen (rechts). Das Wasser durch das Tuch abgießen, frisches Wasser auffüllen, das Glas schwenken und auch dieses Wasser sofort wieder abgießen.**

3 **Das Glas an einen mäßig warmen Ort stellen. Im Dunkeln wachsende Keimlinge bleiben weiß, während bei Tageslicht wachsende Sprösslinge eine grüne Farbe aufweisen und etwas anders schmecken. Die Keimlinge jeden Tag mit frischem Wasser abspülen (wie in 2 beschrieben) und das Spülwasser fortgießen.**

4 **Nach ein paar Tagen sind die Sprösslinge bereit für den Verzehr (oben). Für diese Methode eignen sich nur spezielle Samen für Sprossen und Keime wie Mungbohne, Adzuki-Bohne, Alfalfa (Luzerne) und Bockshornklee (Fenugrec). Andere können giftig sein.**

Das Gemüsebeet

An einem geschützten Standort im Nutzgarten ein Beet mit einem Folientunnel bedecken, um es auf die baldige Aussaat vorzubereiten. Obwohl diese Hauben auch etwas Wärme speichern, dienen sie vor allem dazu, den Regen abzuhalten, damit der Boden trocknen und danach in feine Krümel aufgebrochen werden kann.

SPÄTWINTER

Obwohl es auch in dieser Jahreszeit noch recht häufig Schlechtwetterperioden gibt, steht nun der Frühling vor der Tür. Die Tage sind wieder länger, die Knospen an Bäumen und Sträuchern werden praller, und immer mehr Zwiebelgewächse bringen Blüten hervor.

Wenn solche Arbeiten wie das Umgraben der Beete, das Pflanzen wurzelnackter Bäume und Sträucher und der Fruchtholzschnitt noch nicht ganz erledigt sind, sollten Sie sie möglichst bald zu Ende führen. In vielen Regionen können nun auch die Rosen zurückgeschnitten werden.

Nach ein paar trockenen, windigen Tagen ist der Boden fast schon für die Aussaat im Freien bereit. Falls Sie nicht wissen, welche Art von Boden in Ihrem Garten vorherrscht, ist der Spätwinter ein hervorragender Zeitpunkt zur Durchführung einiger Bodenuntersuchungen.

Die Blumenbeete sollten allmählich gesäubert und von Unkraut und abgestorbenen Pflanzenresten befreit werden – diese bieten einen idealen Unterschlupf für Schnecken, die sich auf die bald erscheinenden jungen Triebe stürzen. Anschließend sollte man die Beete mulchen. Außerdem wirkt der Garten so wesentlich ordentlicher und attraktiver.

Im Nutzgarten sollte man nun das letzte Wintergemüse wie Lauch und Pastinaken verbrauchen (bevor die Pflanzen erneut austreiben) und früh getriebenen Rhabarber und Blätterkohl ernten.

OBEN: **Panaschierte Immergrüne wie die Efeusorte *Hedera colchica* 'Sulphur Heart' sind in den Wintermonaten besonders wertvoll, da sie den Garten beleben.** LINKE SEITE: ***Mahonia aquifolium* 'Smaragd' schenkt dem Garten kräftige Formen und Strukturen.**

ZIERGARTEN
ALLGEMEINE ARBEITEN

In Regionen mit mildem Klima erscheinen bald die neuen Triebe krautiger Stauden, und im Herbst gesäte, winterharte Einjährige müssen nun gestützt werden. Wer Topfpflanzen mit langer Blütezeit sucht, sollte jetzt die ersten Begonienknollen vortreiben.

Beetpflanzen und Schneckenfraß

Bei mildem Wetter gedeihen nun die ersten frühen Kräuter, deren zarte, saftige Triebe Schnecken anlocken.

Auf gejäteten, sauberen Beeten finden die gefräßigen Tiere keinen Unterschlupf.

Einzelpflanzen schützt man am besten mit einer Hürde: Obwohl zerdrückte Eierschalen, grober Sand und Kies, kohlensaurer Kalk und Schlacke zu den traditionellen Hindernissen zählen, sind Schneckenzäune wesentlich effektiver: Schneiden Sie ca. 10 cm breite Streifen aus alten Plastikflaschen und stecken Sie sie rund um jede Pflanze so tief in den Boden, dass etwa knapp die Hälfte herausragt. Diese Methode ist zur Schneckenabwehr meist besser geeignet als Schneckenkorn. Wenn Sie nicht auf den Einsatz herkömmlicher Abwehrmittel verzichten können, versuchen Sie es doch einmal mit organischen oder biologischen Bekämpfungsmitteln wie etwa „Ferramol“ (Wirkstoff Eisenphosphat) oder speziellen molluskenpathogenen Nematoden (*Phasmarhabditis hermaphrodita,* Handelsbezeichnung „Bioslug-Schneckennematoden“).

RECHTS: **Schnecken verstecken sich tagsüber und legen nachts erstaunliche Strecken zu ihren bevorzugten Futterplätzen zurück.**

Beete mulchen

Sämtliches Unkraut entfernen und die Beete mit Rindenmulch oder Pilzsubstrat bedecken, um das Wachstum neuer Wildkräuter zu verhindern. Die Mulchschicht trägt außerdem dazu bei, dass der Boden im Frühling und Frühsommer mehr Feuchtigkeit bindet. Die neu erscheinenden Triebe sollten jedoch nicht bedeckt werden, weil dies den Schneckenbefall fördert. Daher die Wurzelhälse der Pflanzen vollständig freilassen bzw. nur bis an die Schneckenzäune heran mulchen.

Begonien vortreiben

Knollenbegonien eignen sich prima zur Bepflanzung von Kübeln und Blumenampeln und lassen sich jedes Jahr mühelos zu neuem Leben erwecken. Die überwinterten Knollen können nun in einem warmen Gewächshaus vorgetrieben werden.

1 Begonienknollen besitzen häufig eine merkwürdige Form. Die Oberseite erkennt man an der Innenwölbung und den Triebknospen (unten), während die Unterseite abgerundet und mit Faserwurzeln bedeckt ist.

2 Die Töpfe mit sandigem Torfkultursubstrat füllen und die Unterseite der Knollen leicht in die Erde drücken, sodass die Oberseite unbedeckt bleibt (unten). Die Töpfe an einen hellen, warmen Standort (Idealtemperatur: etwa 14 °C) stellen.

3 Das Substrat gleichmäßig feucht halten. Es sollte jedoch kein Spritzwasser auf die Knollenoberseite gelangen. Nur wenn sich die Knospen nicht entwickeln wollen, sollte man sie ein einziges Mal leicht mit Wasser besprühen.

4 Sobald die Knospen groß genug sind, teilt man die Knollen in zwei bis drei Abschnitte mit je einer Knospe. Sie können aber auch warten, bis sich kräftige Triebe entwickeln, die als Grünstecklinge vermehrt werden.

Winterharte Einjährige

Im Herbst gesäte, winterharte Einjährige sollten nun von Unkraut befreit, gegebenenfalls pikiert und mit einer Stütze versehen werden, damit sie während des Wachstums nicht umknicken. Am unauffälligsten sind Stützen aus dünnen Pflanzstöcken, die man von Hecken oder Gartensträuchern schneidet und zwischen den Pflanzen in den Boden steckt, sodass diese ihre Stützen bald vollständig verdecken. Falls die Herbstsaat den Winter nicht überstanden hat, kann man im nächsten Monat einen weiteren Versuch starten.

NUTZGARTEN
ALLGEMEINE ARBEITEN

Trockene, windige Schönwetterperioden sorgen jetzt dafür, dass der Boden trocknet und die Saatbeete entsprechend vorbereitet werden können. Doch wenn das Wetter umschlägt, sollte man die jungen Sämlinge unbedingt vor Kälte und Wind schützen.

Sämlinge schützen

Auch der Spätwinter überrascht regelmäßig mit eisiger Kälte – häufig direkt nach milden Tagen, die die Pflanzen aus ihrem Winterschlaf geweckt haben. Im Herbst gesäte Erbsen- und Bohnensämlinge können nun schwere Schäden davontragen, wenn man sie dem schlechten Wetter schutzlos ausliefert. Doch glücklicherweise lässt sich mit Schutzhauben aus Glas oder Kunststoff oder leichten Schutzfolien und -vliesen das Schlimmste verhindern.

Junger Frühjahrskohl, der im Herbst noch nicht ins Freie gesetzt wurde, kann nun an seinen endgültigen Standort gepflanzt werden, sofern das Wetter zum Graben und Pflanzen trocken genug ist. Auch diese Pflanzen lassen sich mit verschiedenen Hauben und Folien zusätzlich schützen.

UNTEN **In dieser Jahreszeit sollte man Erbsen- und Bohnensämlinge mit Schutzfolie oder -vlies vor kaltem Wetter schützen.**

Topinambur pflanzen

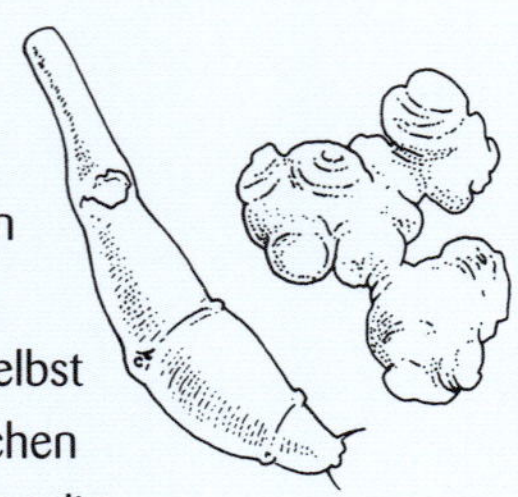

Diese auch als „Erdartischocke“ bezeichnete Pflanze lässt sich so mühelos anbauen, dass man ihren Standort sorgfältig überlegen sollte, denn selbst wenn man die oberirdischen Pflanzenteile entfernt oder die Pflanze umsetzt, treiben eventuell in der Erde verbliebene Knollen jedes Jahr wieder neu. Topinambur ist frosthart und gedeiht in jedem Boden; da seine sonnenblumenartigen Blüten eine erstaunliche Höhe erreichen, sollte er so platziert werden, dass er anderes Gemüse nicht überschattet. Die Knollen in eine 10 cm tiefe Rille setzen, mit 30 cm Pflanzabstand und 90–100 cm Reihenabstand.

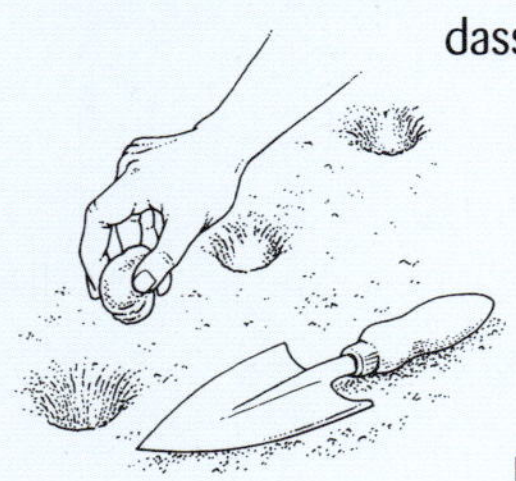

Stangenbohnen anbauen

Stangenbohnen sind ausgesprochen nützliche Gemüsepflanzen, da sie im Verhältnis zum benötigten Platz sehr hohe Erträge liefern, und zwar den ganzen Sommer über bis zum ersten Herbstfrost. Jetzt ist der richtige Zeitpunkt zur Vorbereitung der Beete, auf denen die Bohnen dann später gesät werden.

1 Stangenbohnen benötigen ein warmes, geschütztes Beet und sollten möglichst jedes Jahr an einen neuen Standort gesetzt werden, damit sich im Boden keine Wurzelfäule verursachenden Pilze ansammeln können. Einen Graben ausheben, und zwar mindestens einen Spaten tief und 60 cm breit. Die Erde am Grund des Grabens sorgfältig umgraben (rechts).

2 Bohnen brauchen einen fruchtbaren und vor allem Wasser speichernden Boden. In trockenen Böden fallen viele Blüten unbefruchtet ab, was zu geringen Erträgen führt.

3 Deshalb eine Schicht Wasser speicherndes Material auf den Grund des Grabens geben. Am besten eignet sich gut verrotteter Stallmist mit hohem Strohanteil oder eine Mischung aus Grasschnitt, Hopfen und Pilzsubstrat. Sogar alte Zeitungen wären geeignet.

4 Bis zur Aussaat im Frühling (nach dem letzten Frost) bleibt der Graben offen liegen. Dann wird er noch einmal gründlich gewässert, bevor man die oberste Erdschicht zurückgibt und gründlich festtritt.

Blätterkohl und Rhabarber

Im frostfreien Gewächshaus früh getriebener Blätterkohl (auch Stielmus oder Rübstiel genannt) und Rhabarber müssten jetzt erntereif sein. Wenn die Triebe mit einem schwarzen Eimer abgedeckt waren und in völliger Dunkelheit heranwachsen konnten, sind sie besonders zart und überhaupt nicht bitter. Blätterkohl ist ein sehr edles Gemüse und wird manchmal sogar mit Spargel verglichen, doch die zarten, weißen Blattstängel besitzen ein ganz besonderes Aroma.

NUTZGARTEN
FRUCHTWECHSEL

Auf den Anbau des gleichen Gemüses an immer gleicher Stelle im Garten – Jahr für Jahr – sollte man verzichten. Dafür gibt es verschiedene Gründe.

Unterschiedliche Gemüsearten stellen unterschiedliche Ansprüche an die Nährstoffe im Boden. So gelten z.B. alle Kohlarten *(Brassica)* als „Vielfraß", da sie dem Boden viele Nährstoffe entziehen. Wenn nun der Kohl Jahr für Jahr an der gleichen Stelle kultiviert wird, ist der Boden bald ausgelaugt, vor allem wenn er nicht zum Ausgleich mit organischem Dünger angereichert wird. Kohlpflanzen sind darüber hinaus sehr anfällig für bestimmte Schädlinge und Krankheitserreger, die sehr lange im Boden oder auf Pflanzenresten verbleiben können und dann im darauffolgenden Jahr die nächste Ernte infizieren.

Kultiviert man jedoch dort eine andere Gemüseart, entnimmt diese dem Boden ganz andere Nährstoffe; außerdem ist sie immun gegen *Brassica*-spezifische Schädlinge und Krankheitserreger, sodass der Kreislauf einer ständigen Neuinfektion durchbrochen wird.

Wenn an einer bestimmten Stelle jedes Jahr ein anderes Gemüse wächst, nennt man das „Fruchtwechsel". Wichtigste Voraussetzung für einen gelungenen Fruchtwechsel ist eine sorgfältige Planung und die Unterteilung des Gemüses in drei Pflanzengruppen. Auch die professionelle Landwirtschaft verfährt nach diesem Prinzip, da Monokulturen dauerhaft wenig erfolgreich sind.

Unterteilung des Gemüses in Gruppen

Die erste Gemüsegruppe umfasst die umfangreiche Pflanzengattung *Brassica* – also alle Kohlarten inklusive Rosenkohl, Grünkohl, Brokkoli, Blumenkohl usw. Diese

OBEN: **Erbsen werden im Allgemeinen der gleichen Gruppe zugeteilt wie Salat und Lauch, da sie alle weder zu den Kohlarten noch zum Wurzelgemüse gehören.**

LINKS: **Blumenkohl zählt zur Kohlartengruppe, die dem Boden besonders viele Nährstoffe entzieht.**

Fruchtwechsel

	Beet A	Beet B	Beet C
1. Jahr	Kohlarten	Wurzelgemüse	Hülsenfrüchte
2. Jahr	Hülsenfrüchte	Kohlarten	Wurzelgemüse
3. Jahr	Wurzelgemüse	Hülsenfrüchte	Kohlarten
4. Jahr	Kohlarten	Wurzelgemüse	Hülsenfrüchte

Die Größe spielt (k)eine Rolle

Beim Fruchtwechsel gibt es ein entscheidendes Problem: Jede Pflanzengruppe müsste exakt die gleiche Anbaufläche benötigen, was in der Praxis natürlich nicht der Fall ist. Die Lösung besteht darin, nicht zuzuordnende Gemüsearten wie Salat, Kürbis, Spinat usw. zusätzlich in eines der Beete zu setzen und dieses aufzufüllen. Im Übrigen muss man sich nicht zu strikt an den Beetwechsel halten, sondern kann ihn durchaus seinen speziellen Bedürfnissen anpassen.

OBEN: **Möhren zählen zur Gruppe der Wurzelgemüse, genau wie Kartoffeln, Pastinaken, Rote Beten und Topinambur.**

Gruppe entzieht dem Boden viel Stickstoff und ist anfällig für die lästige Kohlhernie. Zur zweiten Gruppe gehören alle Wurzelgemüse – also zum Beispiel Kartoffeln, Pastinaken, Möhren, Rote Beete, Topinambur, Schwarzwurzel –, die etwas weniger Stickstoff benötigen und häufig nicht gedeihen, wenn der Boden mit frischem Stallmist gedüngt wurde. Die dritte Gruppe umfasst die Hülsenfrüchte Erbsen und Bohnen. Sie sind insofern botanische ungewöhnlich, als sie ihren Stickstoffbedarf aus der Luft und nicht aus dem Boden decken.

Nicht alle Gemüsearten lassen sich exakt einer dieser drei Gruppen zuordnen, etwa Spinat, Kürbis, Zucchini und Zwiebel. Kohlrübe, Weiße Rübe und Kohlrabi gehören sowohl zu den Kohlarten als auch zu den Wurzelgemüsen! Letztere werden der Kohlartengruppe zugeteilt, weil sie anfällig für Kohlhernie sind. Und da der Spinat viel Stickstoff verbraucht, fällt er ebenfalls in diese Gruppe. Die meisten anderen Gemüsearten wie Salat, Tomate, Kürbis, Lauch, Zwiebel usw. teilt man im Allgemeinen der Gruppe der Hülsenfrüchte zu, weil sie nämlich weder zu den Kohlarten noch zu den Wurzelgemüsen zählen. Allerdings gibt es bei diesen Gemüsearten keine festen Regeln – so wird manchmal die Zwiebel als Wurzelgemüse und der Spinat als Hülsenfrucht eingestuft.

Planung des Fruchtwechsels

Für die meisten Gärten empfiehlt sich der „Drei-Beet-Wechsel", da sich der Fruchtwechsel mit jedem weiteren Beet enorm verkompliziert. Dazu wird das Gemüsebeet in drei Abschnitte unterteilt, in denen jeweils ein oder mehrere Vertreter aus je einer Pflanzengruppe gedeihen, z.B. Kohlarten in Beet A, Wurzelgemüse in Beet B und Hülsenfrüchte in Beet C. Im darauffolgenden Jahr wechseln die Hülsenfrüchte zu Beet A, Kohlarten zu Beet B und Wurzelgemüse zu Beet C. Im dritten Jahr tauschen sie erneut die Plätze, und im vierten Jahr werden sie wieder in dem Beet angebaut, in dem sie zuerst kultiviert wurden.

Das bedeutet, dass das Wurzelgemüsebeet am Ende der Saison mit Stallmist gedüngt und so für die Kohlartengruppe vorbereitet wird, während das Wurzelgemüse das Beet bezieht, das die Hülsenfrüchte bereits mit Stickstoff angereichert haben.

WINTER IM ÜBERBLICK
AUFGABEN UND PFLANZEN

Frühwinter

ALLGEMEIN

- Weiterhin Beete umgraben.
- Wege anlegen, um Rasen zu schonen.
- Komposthaufen abdecken.

ZIERGARTEN

- Winterbepflanzung von Kübeln fortsetzen.
- Frisch gepflanzte Bäume und Sträucher nach Frösten festtreten.
- Unter die Blüten von Christrosen Stroh als Nässeschutz legen.
- Nach Frösten den festen Stand von Bäumen und Sträuchern prüfen, gegebenenfalls festtreten.
- Blumensamen bestellen, vor allem Arten, die früh ausgesät werden müssen.
- Junge Bäume mit Manschetten vor Wildverbiss schützen.

RASENFLÄCHEN

- Gefrorenes Gras nicht betreten. Bei mildem Wetter kann noch gesät werden.

WASSERGARTEN

- Geschlossene Eisdecke stellenweise auftauen.

NUTZGARTEN

- Sämlinge von im Herbst gesäten großen Bohnen und Erbsen schützen.
- Saatgut per Katalog bestellen.
- Obstbäume beschneiden.

Wintermitte

ALLGEMEIN

- Werkzeug pflegen. Erst dann über Winter verstauen.
- Falls nötig, die Drainage verbessern.

ZIERGARTEN

- Schnee von Immergrünen schütteln, damit keine Zweige abbrechen.
- Unkraut um die Triebspitzen von Frühlingszwiebelgewächsen beseitigen.
- Wurzelstecklinge von Phlox, Mohn, Königskerze und anderen Stauden schneiden.
- Weiter wurzelnackte Bäume und Sträucher pflanzen, frisch gesetzte nach Frösten erneut festtreten.
- Bei ungünstigem Pflanzwetter wurzelnackte Pflanzen vorübergehend einschlagen.
- Jungpflanzen für die Lieferung im frühen bis mittleren Frühling per Katalog bestellen.

RASENFLÄCHEN

- Gras bei Frost und nassem Wetter nicht betreten.
- Auf Pilzbefall achten.
- Blätter regelmäßig entfernen.

NUTZGARTEN

- Rhabarber treiben, um früh zu ernten.
- Sprossen für Wintersalate ziehen.
- Große Bohnen und Erbsen für die frühe Ernte säen.
- Gemüsesamen, Pflanzkartoffeln, Gemüse-Jungpflanzen und Steckzwiebeln frühzeitig bestellen.
- Eingelagertes Obst und Gemüse kontrollieren.
- Folientunnel aufstellen, damit der Boden für die frühe Aussaat abtrocknet und sich erwärmt.
- Obstbäume und Beerensträucher pflanzen.
- Obstbaumschnitt beenden.
- Vögel verscheuchen, die Obstknospen fressen.

LINKS: **Jetzt gepflanzte Zwiebeln der Sorte *Narcissus* 'Paper White' blühen nach etwa sechs Wochen.**

Spätwinter

ALLGEMEIN

- Werkzeug und Ausrüstung kontrollieren, bei Bedarf erneuern.
- Bodenproben aus verschiedenen Gartenbereichen untersuchen.

ZIERGARTEN

- Beete unkrautfrei halten. Rindenmulch verteilen.
- Rosen schneiden.
- Letzte Gelegenheit zur Pflanzung wurzelnackter Bäume und Sträucher.
- Überwinterte, frostharte Einjährige unkrautfrei halten und bei Bedarf stützen.
- Gefährdete Pflanzen vor Schnecken schützen.
- Duftwicken im Freien säen.
- Winterjasmin nach der Blüte zurückschneiden.
- Clematis-Hybriden, die im Sommer blühen, zurückschneiden.
- Blühende Sträucher mit Kaliumsulfat düngen.

RASENFLÄCHEN

- Bei Bedarf mähen. Kanten ausbessern, verdichtete Stellen belüften.

NUTZGARTEN

- Wintergemüse wie Porree und Pastinaken ernten, bevor sie neu austreiben.
- Umgraben, bei Bedarf kalken.
- Saatbeete vorbereiten.
- Erbsen- und Bohnensämlinge und frühen Salat mit Vlies oder Folie schützen.
- Pflanzkartoffeln gleich nach dem Kauf zum Vorkeimen an einen hellen Platz legen.
- Schalotten und Topinambur pflanzen.
- Einen Kompostgraben für Stangenbohnen vorbereiten.
- Getriebenen Meerkohl und Rhabarber ernten, sobald die Triebe lang genug sind.
- Herbsthimbeeren zurückschneiden.
- Obstbäume und Beerensträucher mit kaliumreichem Dünger versorgen.

Zierpflanzen der Saison

Frühwinter

BÄUME UND STRÄUCHER

Acer, vor allem *A. capillipes, A. davidii, A. griseum* (Ahorn)
Arbutus unedo (Erdbeerbaum)
Aucuba japonica 'Crotonifolia' und andere (Aukube)
Betula, vor allem *B. ermanii, B. nigra* (Schwarz-Birke), *B. papyrifera* (Papier-Birke), *B. utilis* var. *jacquemontii* (Himalaya-Birke)
Chimonanthus praecox (Winterblüte)
Cornus alba (Hartriegel)
Corylus avellana 'Contorta' (Korkenzieher-Hasel)
Cotoneaster (Zwergmispel)
Elaeagnus x *ebbingei* (Ölweide)
Erica carnea (Heide)
Euonymus fortunei, E. japonicus (Spindelstrauch, panaschiert)
Fraxinus excelsior 'Jaspidea' (Esche)
Hamamelis mollis (Zaubernuss)
Hedera (Efeu)
Ilex (Stechpalme, vor allem panaschierte und Beeren tragende Formen)
Jasminum nudiflorum (Winterjasmin)
Lonicera fragrantissima, L. standishii (Heckenkirsche)
Mahonia (Mahonie)
Prunus serrula, P. x *subhirtella* 'Autumnalis' (Mahagoni-Kirsche)
Pyracantha (Feuerdorn)
Salix alba, S. babylonica var. *pekinensis* 'Tortuosa' (Weide)
Skimmia japonica (Skimmie)
Sorbus (Eberesche)
Tilia platyphylos 'Rubra' (Linde)
Viburnum (Schneeball)

STAUDEN

Helleborus niger (Christrose)
Iris unguicularis (Iris)
Schizostylis coccinea (Spaltgriffel)

ZWIEBELGEWÄCHSE

Crocus imperati (Krokus)
Cyclamen coum (Alpenveilchen)
Galanthus (Schneeglöckchen)

RECHTS: **Schneeglöckchen zählen zu den ersten Blüten im Jahr. Die gefüllte Sorte *Galanthus nivalis* 'Flore Pleno' ist besonders hübsch.**

Wintermitte

BÄUME UND STRÄUCHER

Acer (Ahorn, attraktive Rinde)
Aucuba japonica (Aukube)
Betula (Birke)
Camellia (Kamelie)
Chimonanthus praecox (Winterblüte)
Cornus alba (Hartriegel)
Corylus avellana 'Contorta' (Korkenzieher-Hasel)
Cotoneaster (Zwergmispel)
Daphne odora (Seidelbast)
Erica carnea (Heide)
Euonymus fortunei, E. japonicus (Spindelstrauch, panaschiert)
Garrya elliptica (Becherkätzchen)
Hamamelis mollis (Zaubernuss)
Hedera colchica 'Dentata Variegata' und andere (Efeu)
Hippophae rhamnoides (Sanddorn)
Ilex (Stechpalme, v.a. panaschiert und Beeren tragende Sorten)
Jasminum nudiflorum (Winterjasmin)
Lonicera fragrantissima, L. standishii (Heckenkirsche)
Mahonia (Mahonie)
Prunus serrula, P. x *subhirtella* 'Autumnalis' (Mahagoni-Kirsche)
Pyracantha (Feuerdorn)
Salix alba, S. babylonica pekinensis 'Tortuosa' (Weide)
Skimmia japonica (Skimmie)
Sorbus (Eberesche)
Viburnum (Schneeball)

STAUDEN

Ajuga reptans (Günsel)
Bergenia (Bergenie)
Helleborus atrorubens, H. foetidus (Stinkende Nieswurz), *H. niger* (Christrose)
Iris unguicularis (Iris)
Phormium tenax (Neuseelandflachs)
Viola (Hornveilchen und Stiefmütterchen, Wintersorten)

ZWIEBELGEWÄCHSE

Crocus ancyrensis, C. imperati, C. laevigatus (Krokus)
Eranthis (Winterling)
Galanthus (Schneeglöckchen)
Iris danfordiae, I. histrioides, I. reticulata (Iris)

Spätwinter

BÄUME UND STRÄUCHER

Acacia dealbata (Akazie)
Camellia (Kamelie)

Chaenomeles japonica (Zierquitte)
Chimonanthus praecox (Winterblüte)
Cornus alba (Hartriegel), *C. mas* (Kornelkirsche)
Daphne odora, D. mezereum (Seidelbast)
Erica carnea (Heide)
Garrya elliptica (Becherkätzchen)
Hamamelis (Zaubernuss)
Hedera colchica 'Dentata Variegata' (Efeu)

LINKS: ***Hamamelis intermedia* 'Westerstede' (Zaubernuss) trägt an unbelaubten Zweigen duftende Blüten mit leicht zerfetztem Aussehen.**

Jasminum nudiflorum (Winterjasmin)
Lonicera fragrantissima, L. standishii (Heckenkirsche)
Magnolia campbellii (Magnolie)
Mahonia x media 'Charity' und andere (Mahonie)
Prunus incisa 'February Pink' (Fuji-Kirsche), *P. mume* (Japanische Aprikose) und andere
Pyracantha (Feuerdorn)
Salix alba, S. babylonica var. *pekinensis* 'Tortuosa' (Weide)
Sarcococca hookeriana, S. humilis (Fleischbeere)
Skimmia (Skimmie)
Sorbus (Eberesche)
Stachyurus praecox (Perlschweif)
Viburnum (Schneeball)

STAUDEN

Bergenia (Bergenie)
Helleborus niger (Christrose), *H. orientalis* (Lenzrose)
Phormium tenax (Neuseelandflachs)
Primula (Primel, Schlüsselblume)
Pulmonaria (Lungenkraut)
Viola odorata (Duftveilchen)

ZWIEBELGEWÄCHSE

Anemone blanda (Windröschen)
Chionodoxa (Schneeglanz)
Crocus (Krokus)
Cyclamen coum (Alpenveilchen)
Eranthis hyemalis (Winterling)
Galanthus (Schneeglöckchen)
Iris danfordiae, I. histrioides, I. reticulata (Iris)
Narcissus (Narzisse)

GLOSSAR

Abhärten Das schrittweise, behutsame Akklimatisieren empfindlicher Pflanzen an die Bedingungen im Freien. Frühbeete werden häufig für diesen Zweck genutzt. Man öffnet die Abdeckscheibe tagsüber stundenweise.

Absenker Eine Methode der vegetativen Vermehrung, bei der ein Teil eines Triebs flach in den Boden eingegraben wird. Ritzt man die Rinde an der Stelle, die Erdkontakt hat, an, wird der Saftfluss behindert, und es bilden sich Wurzeln. Das kann bis zu 18 Monate dauern. Anschließend wird der Absenker von der Mutterpflanze getrennt.

Adventivwurzeln Wurzeln, die aus dem Pflanzenstamm oder -stiel wachsen.

Alkalisch, basisch Boden mit einem pH-Wert über 7,0. Ungeeignet für Pflanzen, die keinen Kalk vertragen.

Alpine Pflanze, Steingartenpflanze Pflanzen, die im Hochgebirge zwischen Baumgrenze und Schneegrenze heimisch sind. Allgemein auch kleinere Pflanzen, die in Steingärten und Steintrögen gut gedeihen.

Anhäufeln Hochschieben von Erde an Pflanzenstielen, um sie zu stützen (z.B. hohe Kohlarten), zu bleichen (z.B. Lauch und Sellerie) oder die Bildung von Knollen anzuregen (z.B. Kartoffeln).

Ausläufer Ein Trieb, der flach auf dem Boden wächst und bei Erdkontakt Wurzeln treibt (z.B. bei Erdbeeren).

Ausputzen Das Entfernen verwelkter Blüten, um die Samenbildung zu unterbinden. Das regt die Pflanze an, weitere Blüten zu bilden.

Befruchtung Die geschlechtliche Vereinigung einer männlichen (Pollen) und einer weiblichen Zelle (Eizelle). Sie kann (muss aber nicht) durch Bestäubung stattfinden, bei der der Pollen auf die Narbe der Blüte gelangt.

Bestäubung Die Übertragung von Pollen auf die Narbe der Blüte.

Biologische Schädlingsbekämpfung Der gezielte Einsatz von natürlichen Organismen (Nützlingen) zur Bekämpfung von Krankheiten und Schädlingen.

Blütenendfäule Durch Wassermangel und den daraus resultierenden Kalziummangel verursachte Fruchtbildungsstörung bei Tomaten und verwandten Arten. Die Früchte haben am Stängelansatz eine vertiefte, bräunliche Stelle.

***Brassica*, Kreuzblütler** Große Pflanzengattung, zu der u.a. die Kohl- und Rübenarten gehören.

Bulbille Brutzwiebeln, die in den Blattachseln und manchmal den Blüten gebildet werden.

Cordon Spezielle Form der Spaliererziehung für Obstbäume in kleinen Gärten, aber auch für Tomaten im Gewächshaus. Manche Cordons haben einen Stamm, andere zwei oder drei. Seitentriebe werden regelmäßig entfernt.

RECHTS: **Wurzelnackte Koniferen (hier zu Transportzwecken eingeschlagen) lassen sich am besten während der Ruheperiode verpflanzen.**

Einjährige Pflanzen, die innerhalb eines Jahres aus Samen heranwachsen, blühen, Samen bilden und absterben. Viele Pflanzen werden einjährig kultiviert, obwohl sie mehrjährig sind. *Lobelia erinus*, *Mirabilis jalapa* und *Impatiens walleriana* beispielsweise sind frostempfindliche Stauden, die in kälteren Regionen einjährig gehalten werden.

Erdfreies Substrat Spezialsubstrat, das keine Erdanteile enthält. Früher verwendete man Torf, heute werden andere Pflanzenprodukte wie Kokosfaser oder Tongranulat bevorzugt.

Erdsubstrat Pflanzsubstrat auf der Basis von Erde, meist mit Beimischungen von Sand, Torf und Nährstoffen.

Fruchtfolge Der regelmäßige Wechsel von Gemüsearten auf Beetflächen, um die Ansiedlung von Krankheiten und Schädlingen einzudämmen und das einseitige Auslaugen des Bodens zu verhindern.

Fungizid Chemisches Produkt zum Bekämpfen von Pilzerkrankungen (z.B. Sternrußtau) an Pflanzen.

Halbverholzt Triebe, die an ihrer Basis zu verholzen begonnen haben, aber noch nicht ganz verholzt sind.

Humus Die organischen Überreste verrotteter Pflanzenteile, die den Boden anreichern (= lockern und düngen).

Hybride Kreuzung zwischen zwei ausgewählten Elternpflanzen. Es gibt Kreuzungen zwischen zwei Arten (interspezifische Hybriden), seltener zwischen zwei Gattungen (intergenerische oder bigenerische Hybriden).

Immergrüne Gehölze Bäume und Sträucher, die ganzjährig grün bleiben. Sie werfen laufend vereinzelte Blätter ab und bilden neue.

Insektizid Chemisches Produkt zum Abtöten von Insekten.

Kalter Kasten Holzkasten mit abnehmbarer Abdeckung aus Glas oder Kunststoff. Es gibt ungeheizte und beheizbare Modelle.

Kompost Organische Substanz aus verrotteten Pflanzenteilen, die zur Bodenverbesserung oder als Mulch eingesetzt wird. Kann aus Garten- und Küchenabfällen selbst hergestellt bzw. gekauft werden.

Krautig Triebe von Gehölzen, die noch grün sind und keine Anzeichen von Verholzung zeigen.

Mehrjährige, ausdauernde Pflanze Winterharte Stauden, Bäume, Sträucher und mehrjährige Kletterpflanzen.

Mulch Deckschicht auf der Bodenoberfläche, verlangsamt die Verdunstung von Wasser und unterdrückt Unkräuter. Kann organisch (Kompost, Rindenhäcksel) oder anorganisch (Kies, Mulchfolie) sein.

NPK Kürzel für die Nährstoffe Stickstoff (Nitrat), Phosphor und Kalium. Wird auf Düngerverpackungen zur Angabe der Inhaltsmengen der Nährstoffe verwendet.

Organisch Substanz, die aus ehemals lebendem Material (z.B. Überresten von Tieren und Pflanzen) entstanden ist.

Pestizid Chemisches Produkt zum Bekämpfen von Schädlingen, z.B. Insekten, Schnecken, Milben usw. (siehe auch Insektizid).

Pflanzennährstoffe Die Mineralien, an denen Pflanzen einen relativ hohen Bedarf haben: Stickstoff, Phosphor, Kalium, daneben auch Kalzium, Magnesium und Schwefel.

Pflanzsubstrat Eine Mischung aus Mutterboden, Sand, Torf, Nährstoffen und Kalk. Je nach Verwendungszweck ist das Mischungsverhältnis unterschiedlich, z.B. Aussaatsubstrat, Universalsubstrat, Auffüllsubstrat. Wegen der Umweltschädigungen durch kommerziellen Torfabbau werden heute hierfür meist Ersatzmaterialien verwendet, z.B. Coir (Kokosfasern).

Pikieren, vereinzeln Das Umpflanzen eines Sämlings aus der Saatschale in einen Einzeltopf.

RECHTS: **Erdbeeren beim Pflanzen gut festdrücken und dann feucht halten.**

Radikaler Rückschnitt Rückschnitt eines Strauches bis knapp über dem Boden, um die Bildung frischer Triebe anzuregen. Dient bei Obststräuchern der Verjüngung und Verbesserung des Ertrags. Einige Ziersträucher (z.B. Hartriegel) haben attraktiv gefärbte junge Triebe und werden deshalb zurückgeschnitten.

Reversion Neigung mancher Pflanzen, sich wieder zu ihrer Urform zurückzuentwickeln. Panaschierte Arten, die ursprünglich als Mutationen entstanden sind, verlieren manchmal ihre Blattmusterung. Manche Mutationen sind unbeständig.

Rhizom Ganz oder teilweise unterirdisch verlaufender, horizontaler Stiel, der fleischig oder schlank sein kann. Er dient als Speicherorgan und ermöglicht den Pflanzen das Überwintern. Einige Iris-Arten haben stark verdickte Rhizome. Die Rhizome von Maiglöckchen sind schlank und breiten sich stark aus.

Rhizomknolle Unterirdischer, stark angeschwollener und zu einem Speicherorgan umgebildeter Spross (z.B. bei Gladiolen). An der Basis bilden sich Brutknospen, die man abnehmen und separat einpflanzen kann. Bis die Jungpflanzen blühen, dauert es einige Jahre.

Ruhend Pflanzen, Samen oder Triebknospen, die sich vorübergehend nicht im Wachstum befinden.

Sauer Boden mit einem pH-Wert unter 7,0. Für Pflanzen geeignet, die keinen Kalk vertragen (Kalkflieher).

Sekundärnährstoffe Nährstoffe, die Pflanzen in kleineren Mengen benötigen, etwa Eisen, Molybdän, Mangan. Auch als Spurenelemente bekannt (siehe auch Pflanzennährstoffe).

Sommerblumen, Beetpflanzen Blumen, die für die kurzfristige Bepflanzung von Beeten, Kübeln und Kästen verwendet werden. Zweijährige wie Goldlack pflanzt man im Herbst. Frostempfindliche Einjährige werden zeitig im Jahr im Haus oder Gewächshaus vorgezogen und nach den letzten Frösten ausgepflanzt.

Spalierobst Obstbäume, deren Seitentriebe an Drähten oder Leisten mit 25–30 cm Abstand an einer Mauer gezogen werden.

Sporn Kurzer, früchtetragender Zweig an einem Obstbaum.

Steckling Methode zur vegetativen Vermehrung. Von der Mutterpflanze werden Teile abgetrennt und zur Bildung eigener Wurzeln oder Triebe (oder beidem) angeregt. Man unterscheidet Blatt-, Trieb- oder Wurzelstecklinge.

Systemisch Chemikalie (meist Insektizid), die in das Pflanzengewebe eindringt. Saugt ein Insekt den Pflanzensaft, wird es vergiftet. Die Wirksamkeitsdauer systemischer Insektizide ist abhängig von Pflanzentyp und Außentemperatur.

Teilung Teilung des Wurzelballens zur vegetativen Vermehrung oder Verjüngung von Pflanzen. Wird meist bei krautigen Stauden angewandt.

Umtopfen Das Umpflanzen einer Topf- oder Kübelpflanze in ein größeres Gefäß.

Winterhart, frosthart Pflanzen, die den Winter im Freien überleben.

Wurzelnackt Pflanzen, die zum Pflanzen während der Ruhezeit aus dem Boden gehoben und ohne Pflanzgefäß verkauft werden.

Zwiebel Speicherorgan, das aus vielen Schichten besteht, die an der abgeflachten Basis verbunden sind. Beispiele für Zwiebelgewächse sind Narzissen und Tulpen. Der Begriff wird häufig auch fälschlich für Knollen und Rhizome verwendet, die jedoch einen anderen Aufbau haben.

REGISTER

Danksagung

Der Verleger dankt Liz Eddison für die Bildrecherche, Coral Mula für die Illustration, Roger Benjamin, Georgina Steeds und Smith's Nurseries, New Denham, Middlesex, für die fachliche Beratung. Ebenfalls Dank für die folgenden Bilder:

Aughton Green Landscapes – Tatton Park 2001, S. 85 (u); James Basson – Hampton Court 2000, S. 82; David Brun – Hampton Park 2000, S. 40; Bill Cartlidge – Tatton Park 2000, S. 7 (ol); Paul Dyer – Chelsea 2001, S. 84; Guy Farthing – Hampton Court 2000, S. 6, 17 (ul); Sally Fell – Hampton Court 2001, S. 16, 96; David Gibson – Tatton Park 2001, S. 27 (u); Colin Luckett – Tatton Park 2001, S. 80; Ian Taylor – Chelsea 2001, S. 69 (ur); Geoffrey Whiten – Chelsea 2001, S. 3 (u); Neil Holmes: S. 8 (ul), 9, 119 (o), 129 (M), 131 (o), 140; Harry Smith: S. 21, 48, 49, 62, 86, 94, 99 (ul), 116, 124, 125 (ur), 133 (u), 141 (u), 144, 151 (or)